Colloquial Portuguese of **Brazil**

The Colloquial 2 Series
Series adviser: Gary King

The following languages are available in the Colloquial 2 series:

Chinese
Dutch
French
German (forthcoming)
Italian
Portuguese of Brazil
Russian
Spanish
Spanish of Latin America

Accompanying CDs are available for the above titles. They can be ordered through your bookseller, or send payment with order to Taylor & Francis Ltd/ Routledge Ltd, Bookpoint, Unit T1, 200 Milton Park, Abingdon, Oxon OX14 4TA, UK or to Routledge Inc, 270 Madison Avenue, New York, NY 10016, USA.

Colloquial Portuguese of **Brazil**

The next step in language learning

**Esmenia Simões Osborne and
Barbara McIntyre**

Routledge
Taylor & Francis Group

LONDON AND NEW YORK

First published 2008
by Routledge
2 Park Square, Milton Park, Abingdon, Oxon OX14 4RN

Simultaneously published in the USA and Canada
by Routledge
270 Madison Ave, New York, NY 10016

Routledge is an imprint of the Taylor & Francis Group, an informa business

© 2008 Esmenia Simões Osborne and Barbara McIntyre

Typeset in 10/12pt Sabon
by Graphicraft Limited, Hong Kong
Printed and bound in Great Britain
by TJ International Ltd, Padstow, Cornwall

British Library Cataloguing in Publication Data
A catalogue record for this book is available from the British Library

Library of Congress Cataloging in Publication Data
McIntyre, Barbara, 1954–
    Colloquial Portuguese of Brazil 2 : the next step in language learning /
Barbara McIntyre & Esmenia Simões Osborne.
        p. cm. – (The colloquial 2 series)
    Includes index.
        1. Portuguese language – Textbooks for foreign speakers – English.
    2. Portuguese language – Spoken Portuguese – Brazil. I. Osborne, Esmenia
Simões, 1949– II. Title, III. Series.
    PC5075.E5M385 2007
    469.82′421–dc22

                                                                    2007041454

ISBN13: 978-0-415-43097-5 (book)
ISBN13: 978-0-415-43099-9 (audio CDs)
ISBN13: 978-0-415-43098-2 (pack)

Contents

Acknowledgements

We acknowledge permission from

Carlos Magno do Nascimento, President of *Climatempo*, for the use of the weather forecast in Unit 1.

Carolina Simões Ribeiro, for her invaluable help and also for the photos of the church in Unit 5 and the exotic bird in Unit 12.

A special thanks to Claudia Kohler and Daniela Soares at Greenpeace Brasil, for the lyrics of Samba pela Vida, courtesy of the composers Leo Viana and Rubens da Costa.

Finally, our grateful thanks go to João Sampaio, our colleague and friend, for his enthusiasm and support for this book and to Bill Osborne for his generous technical assistance.

Every effort has been made to trace and acknowledge the ownership of copyright.

How to use this book

Bem-vindo to Colloquial Portuguese of Brazil 2! If you are studying alone or with the help of a teacher, wanting to build on the knowledge you already have of Brazilian Portuguese and to achieve a more in-depth understanding of both the language and culture of Brazil, this book can help you.

At the beginning of each of the twelve units a list of bullet points tells you the grammar and topics to be covered. Language points are clearly presented throughout the units and a brief Grammar reference is also provided so that you can review basic language structures. All language points in the units are followed by one or more exercises of various kinds to allow you to apply what you have learned and answers to these exercises can be found in the key at the end of the book. Other exercises in the book under the headings *Vamos falar* or *Vamos escrever* don't always have an answer in the key as they are more improvisational in style and will help to draw out what you already know of the language. We hope you will find them fun and helpful to do. Don't forget too, a special web site supports Colloquial Portuguese of Brazil 2. At www.routledge.com/colloquials/portugueseofbrazil you will find a variety of useful exercises to practise the language, plus links to other useful language websites.

Language is of course inseparable from the culture and way of life of its speakers. The topics in each unit explore the rich diversity of Brazil through interesting and practical dialogues, reading texts and interviews, many of which are recorded on the accompanying CDs. Cultural notes throughout the book as well as the *Você sabia?* sections in each unit (1–6 in English and 7–12 in Portuguese – with translations in the key for Units 7–9) provide a glimpse of the customs and culture of Brazil. Throughout the book we also refer to numerous web sites where you can explore Brazilian culture in greater detail.

On your CDs you will find the dialogues, situations, interviews and texts featured in the book. Try and listen to the recordings as much as possible to practise your comprehension and become familiar with the sounds of the language. Don't worry if you cannot understand everything at first as this is quite natural. Play your CDs whenever you have an opportunity – in the car, on the bus or wherever. There are also plenty of speaking exercises on the recordings to let you practise and repeat the language. You could also try recording yourself reading out some of the dialogues or texts then compare your pronunciation with the recordings. All of this will help to deepen your fluency in the language.

We hope this book will provide you with a springboard to extend and develop your growing skills in Brazilian Portuguese.

Boa sorte!

1 Entre amigos

In this unit you will learn about:

- greetings and friendly expressions
- using the imperative (1)
- using **ser** and **estar**
- using **muito** and **pouco**
- checking the weather forecast
- **a gente = nós**
- uses of **ter** and **haver**

Dialogue 1 🔊 (CD1; 1)

American student Peter visits some Brazilian friends who have settled in Miami.

Exercise 1

Listen to the dialogue and answer these questions in English:

1 Whereabouts is André and what is he doing?
2 What news does Peter have for his friends?
3 Why would it be good for Peter to meet Renata?
4 What does Renata say about entertainment in São Paulo?
5 Renata is proud to be *paulista* – true or false?

ESTELA Olá Peter, tudo jóia? Vamos entrar. Fique à vontade.
PETER   Oi Estela, tudo beleza? Onde está o André? Tenho boas notícias.
ESTELA Ele está na cozinha preparando as saladas. Vamos lá.
ANDRÉ   Olá Peter, já recebeu a confirmação do seu estágio no Brasil?
PETER   É isso aí, André. Estou muito feliz!

ANDRÉ Que legal, Peter! Parabéns! Você vai para São Paulo, não é mesmo? Então você tem que conhecer a Renata. Ela pode lhe dar muitas dicas porque ela é paulistana.

They all go into the garden.

ANDRÉ Oi pessoal! Aqui está mais um estagiário indo para o Brasil!
RENATA Olá Peter! Eu sou a Renata. Onde é que você vai fazer o seu estágio?
PETER Vou trabalhar com uma rede de televisão em São Paulo, na área de mídia e produção de filmes. André me disse que você é paulistana . . .
RENATA Nascida e criada! Você vai gostar de lá porque divertimento é o que não falta na cidade. É a maior metrópole e o maior centro financeiro da América Latina. São Paulo é conhecida como a Nova York dos Trópicos, sabia?
PETER Ouvi dizer que é o estado brasileiro onde tem mais indústrias.
RENATA Com certeza. É a maior potência industrial da América do Sul! Eu tenho orgulho de ter nascido neste estado. Mas me fala dos seus planos de trabalho no Brasil . . .
ESTELA Com licença Renata, o churrasco está pronto. Sirvam-se. Peter, você pode pegar as cervejas na geladeira?
PETER Deixa comigo. Eu já volto, Renata.

In colloquial language Brazilians place object pronouns ('me, you, us/ to me, to you, to us', etc.) *before* the verb and not after it (as in European Portuguese).

Example from Dialogue 1:

André *me disse* que você   André tells me you are from São Paulo.
é paulistana.

You can read more on object pronouns and their position in Unit 10.

São Paulo state is the richest state in South America. São Paulo city, nicknamed *Sampa* by its 15 million or so inhabitants, is Brazil's most modern and cosmopolitan city. People born in São Paulo city are called paulistanos and those born in any other part of São Paulo state are known as paulistas.

Vocabulary ◆

tudo jóia?	how are things? (coll.) **jóia** *jewel*
fique à vontade	make yourself at home
(tudo) beleza?	how are things? (coll.) **beleza** *beauty*
é isso aí	that's right
que legal!	great!
não é mesmo?	isn't that right?
oi pessoal!	hey everyone!
nascida e criada	born and bred
ouvi dizer que . . .	they say that . . .
pode pegar?	can you get?
deixa comigo	leave it to me

Exercise 2 (CD1; 2)

Vamos falar e escrever

1 Listen again to Dialogue 1 then role-play the parts of some or all of the characters. If possible, make your own recording.
2 Revise the present indicative of irregular verbs **ser**, **estar**, **ter** and **ir** then use these verbs to write a brief description of Peter's life: **Peter é americano** . . . etc. Compare what you have written to the answer in the key.

Exercise 3

Translate these sentences into Portuguese:

1 Hello, please come in. How are things? Do you have good news?
2 But tell me about your internship. What are your plans?
3 Hi everyone, make yourselves at home.
4 You must meet Renata. That's right, she told me she is from São Paulo.
5 I heard that you are going to work in the media.
6 Please, help yourselves. The salad and the barbecue are ready.
7 Can I get a Brazilian beer from the refrigerator?

Exercise 4

1 Revise the preterite of regular verbs and the preterite of irregular verb **dizer**.
2 Find and underline any verbs in the preterite in Dialogue 1.

Exercise 5  (CD1; 3, 4)

Vamos falar

You meet a person in a bar and get chatting to them. Ask in Portuguese:

What's your name? Where were you born? Are you here on holiday? Are there other English people working for your company? What do you think of Brazilian cuisine?

If you have the CD, listen to 'Meeting new friends' – a similar dialogue between Sarah and Rafael.

Language point 1 ♦

Using the imperative (1)

The imperative is used for commands, instructions or advice.

1 The affirmative imperative (familiar command forms) **tu** and **vós***:

Formation: from the **tu** and **vós** persons of the present indicative with the final **s***- of the verb removed:

comprar to buy	*vender to sell*	*partir to leave*
compra! (tu)	vende! (tu)	parte! (tu)
comprai! (vós)	bebei! (vós)	parti! (vós)

Notes
*Exception is **ser** 'to be': sê (**tu**); sede (**vós**).
* **vós** is usually restricted to the language of prayers, speeches and classical literature.

2   The other persons of the imperative, **você**, **nós** and **vocês**, are based on the present subjunctive:

comprar to buy	*vender* to sell	*partir* to leave
compre! (você)	**venda!** (você)	**parta!** (você)
compremos! (nós)	**vendamos!** (nós)	**partamos!** (nós)
comprem! (vocês)	**vendam!** (vocês)	**partam!** (vocês)

3   The forms for the *negative* imperative are also taken from the present subjunctive:

> **Não toques (tu), toque (você), toquemos (nós), toqueis (vós), toquem (vocês)!** Don't touch!

In colloquial language, don't be surprised if you hear the present indicative used for negative commands instead of the present subjunctive:

> **Não *toca* (tu) em nada.**   *instead of*   **Não *toques* (tu) em nada.**

Brazilians tend to *mix* the imperative forms **tu** and **você**, so it is very common to hear:

Maria, *chame* (tu) o *teu* marido.   (chame is the form for **você**)
grammatically correct: **Maria, *chama* o teu marido.**

***Fica* (você) quieta!**   (fica is the form for **tu**)
grammatically correct: ***Fique* (você) quieta!**

Exercise 6

a   Underline any verbs in the imperative in Dialogue 1 and also write down their infinitives.
b   Translate these using the imperative:

1 Come in! (você)   4 Let's eat! (nós)
2 Don't prepare the drinks! (tu)   5 Don't sell! (vocês)
3 Work harder! (vós)   6 Repeat! (tu)

More on the imperative in Unit 6.

Exercise 7

1 Two young friends are out clubbing. Before reading the text, match these expressions from it:

1 O que há de novo.	_____ I spilled your drink.
2 Não deu prá ir.	_____ Long time no see.
3 Derramei sua bebida?	_____ What's new?
4 Há quanto tempo, amigão.	_____ I couldn't go.

SAMUEL Há quanto tempo, amigão! Tudo legal?
BETO E aí, como é que é?
SAMUEL Diz aí, meu irmão! O que há de novo?
BETO Desculpa, derramei sua bebida.
SAMUEL Fica frio, mano!
BETO Desculpa cara, não deu prá ir na sua casa ontem.
SAMUEL Falou colega, não tem galho!
          . . .
DJ É isso aí galera! Todo mundo sambando!

Vocabulary ♦

amigão (m)	man (coll.) lit.: 'big friend'
cara (f)	man (coll.) lit.: 'face'
prá = para	to/for
galho (m)	branch
galera (f)	people (coll.) lit.: 'galley'
ir à danceteria/balada	to go clubbing/dancing

2 Apart from não tem galho, what other ways might you say 'no problem' in Portuguese?

Text 1 🔊 (CD1; 5, 6)

Local government in São Paulo is always on the lookout for ways to boost commerce in the city, as with this new proposal: 'Full-tank tourism'.

Exercise 8

a Before reading the text, match these phrases from it:

1 Trazer pessoas	_____ People who stay
2 As pessoas que se hospedam	_____ To be eligible for the discounts
3 Criar um fluxo	_____ To bring people
4 Para ter direito aos descontos	_____ To create a flow

b Now listen to and read the text then answer these questions in English:

1 A discount of up to 60 per cent is available to whom?
2 Which other commercial outlets will participate in the promotion?
3 What has to be produced in order to qualify for any of the discounts?

Turismo de tanque cheio

O governo municipal criou uma proposta para beneficiar o comércio paulistano, intitulada *turismo de tanque cheio*. A idéia é trazer pessoas que moram fora da região metropolitana para a capital. De acordo com esta iniciativa, as pessoas que se hospedam em hotéis da capital paulista recebem desconto de até 60 por cento.

A intenção desta medida é criar um fluxo entre restaurantes, lojas, agências de turismo e parques temáticos que estão participando da promoção. Para ter direito aos descontos, o visitante tem que apresentar a nota fiscal do posto de gasolina pertencente à rede credenciada.

Language point 2 ♦

Ser and estar

There are two verbs for 'to be' in Portuguese, **ser** and **estar.**

In general, **ser** expresses a *permanent* quality or characteristic – *what* something or someone is whilst **estar** denotes a *temporary* state – *how* something or someone is. Look at these two examples from Dialogue 1:

Onde está o André?	Where is André? (temporary location – **estar**)
Ela é paulistana.	She is paulistana. (permanent characteristic – **ser**)

Ser *(permanent)*	Estar *(temporary)*
Ela é alta. She is tall. (She will never be small.)	**Estou feliz.** I am happy (but I may be sad later).
O carvão é preto. Coal is black.	**A sopa está fria.** The soup is cold.
Onde é o prédio da Comgás? Where is the Comgás building?	**A geladeira está na cozinha.** The refrigerator is in the kitchen.
Peter é americano. Peter is American.	**Peter está em Miami.** Peter is in Miami.

The verb ser is also used to express possession, time and origin:

Aquela casa é minha.	That house is mine.
É meio-dia.	It's midday.
O Pelé é de Minas Gerais.	Pelé is from Minas Gerais.

The verb ser is also used in certain impersonal expressions and the passive voice:

É necessário repetir muitas vezes.	It's necessary to repeat it many times.
O documentário foi filmado no Rio.	The documentary was filmed in Rio.

Exercise 9

Fill in the gaps using **ser** or **estar**:

1 Meu nome _____ Peter. Eu _____ americano.
2 Onde _____ o André? Ele _____ na sala vendo TV.
3 André e eu _____ amigos.
4 Renata, onde _____ o seu carro? _____ na garagem.
5 Renata e Estela _____ brasileiras.
6 Eu não sei onde _____ a universidade.
7 As facas e os garfos _____ limpos. A salada _____
   _____ pronta.
8 E as cervejas, onde _____? _____ na
   geladeira.

Language point 3 ♦

Muito and pouco

Muito used as an adverb – 'very/too/a lot/much', is *invariable*. It modifies a verb, an adjective or even another adverb:

very:

Estou *muito* aborrecida.	I am very upset.
Você samba *muito* bem.	You dance the samba very well.

too:

As camisetas são *muito* grandes.	The t-shirts are too big.

a lot:

Choveu *muito*.	It rained a lot.

much:

Não há *muito* o que dizer.	There is not much to say.

Muito used as an adjective – 'many/a lot of', *agrees* with the noun referred to:

São Paulo tem *muitas* atrações.	São Paulo has *many* attractions.
Ele pode lhe dar *muitos* conselhos.	He can give you *a lot of* advice.

Pouco used as an adverb – 'little', is *invariable*. It modifies a verb, an adjective or even another adverb:

Conhecemos *pouco* o Pantanal.	We know little about the Pantanal.
Fica mais um *pouco*.	Stay a little longer.

Pouco used as an adjective – 'few' (= not many) *agrees* with the noun:

***Poucos* alunos vieram.**	Few students attended.
Havia *pouca* gente lá.	There were few people there.

Exercise 10

a Fill in the gaps with the correct adverb or adjective:

1 Os programas da *Globo* são _____ bons. (very)
2 Há _____ jornalistas brasileiros no exterior. (many)
3 As praias de Cabo Frio são _____ limpas. (very)
4 Os estudantes universitários têm _____ dinheiro. (little)
5 Há _____ sobreviventes da Primeira Guerra Mundial. (few)
6 Vieram _____ pessoas ao churrasco. (few)

b Now translate the sentences into English.

Dialogue 2  (CD1; 7)

Carolina bumps into a friend, Luiz. They start chatting about holidays and the weather.

Exercise 11

a Match these sentences before reading the dialogue:

1 O tempo estava firme.   _____ The temperature is going to fall.
2 Caiu uma chuva muito forte. _____ There was a lot of fog on the motorway.
3 A temperatura vai baixar.   _____ It rained heavily.
4 Tinha muita neblina na estrada. _____ We have to wear warm clothes.
5 A gente tem que pôr agasalho.   _____ The weather was settled.

b Listen to then read the dialogue and answer these questions in Portuguese:

1 How does Luiz describe the weather in Campinas before 4 o'clock in the afternoon?
2 When and with whom did Carolina go on holiday last year?
3 What was the weather like on the way to Campos do Jordão?
4 Why does Carolina advise Luiz not to go to São Paulo?

CAROLINA Oi Luiz, você sumiu! Por onde tem andado?

LUIZ Estava em férias em Campinas. No sábado tivemos um dia típico de verão, céu azul e muito sol. Depois das quatro da tarde, o tempo mudou, ficou nublado e caiu uma chuva muito forte, com trovões e relâmpagos.

CAROLINA Em agosto do ano passado fui com um amigo a Campos do Jordão. Fez muito frio e tinha muita neblina na estrada. No dia seguinte o tempo estava firme, com muito sol mas a temperatura máxima foi de 20°C.

LUIZ Ainda bem que aqui no interior está quente. Eu detesto quando a temperatura cai e a gente tem que pôr agasalho.

CAROLINA Então não vá a São Paulo hoje porque a temperatura vai baixar para 17°C à noite. Você sabe como o clima da capital é.

Vocabulary ◆

você sumiu	you disappeared
onde tem andado?	where have you been?
o tempo mudou	the weather changed
a gente	we

Campos do Jordão is the highest mountain town in Brazil (1.628m) and is where Paulistanos go in winter. In July, the *Festival de inverno de música erudita* (Winter Festival of Erudite Music) is held there.

Exercise 12

According to the weather map of São Paulo state, what is the minimum and maximum temperature for Campinas and which city shows the warmest weather?

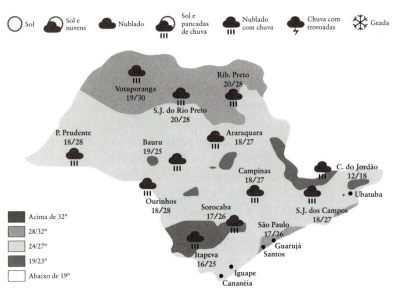

Previsao do Tempo (tilde on the 'a' of Previsao)

Exercise 13

Find the Portuguese equivalents for the words inside the cloud. Use the map above as a guide.

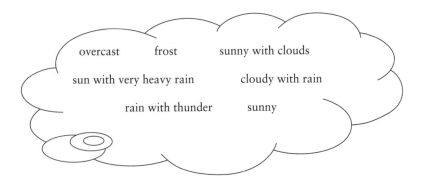

overcast   frost   sunny with clouds

sun with very heavy rain   cloudy with rain

rain with thunder   sunny

Estações do ano

		From To			From To
Primavera	Spring	22/09–21/12	Verão	Summer	22/12–21/03
Outono	Autumn/fall	22/03–21/06	Inverno	Winter	22/06–21/09

Exercise 14

Vamos escrever

Imagine that you are a meteorologist (**metereologista**) from the *Diário da Bahia*. Go to www.climatempo.com.br then write a brief report about today's weather in Salvador. Mention the seasons above. Start by saying. 'Hoje vamos ter um bonito dia de primavera em todo o estado da Bahia . . .'

Exercise 15

Vamos falar

You are in an internet chat room (**sala de bate-papo**). A Brazilian boy/girl, from Ipanema enters the room and asks you about the weather in Los Angeles/London, etc. (your choice). Give your answers: **aqui está frio/calor** and ask: **como está o tempo ai?/está calor?** (Use Dialogue 2 for guidance.)

Language point 4 ♦

A gente is a colloquial substitute for **nós** 'we' and 'us'. It takes the *singular* form of the verb:

We are in a hurry.	**A gente** *está* **com pressa.**
	(=**Nós estamos com pressa.**)
Are you coming with *us*?	**Você vem com a gente?**
	(=**Você vem conosco?**)

Remember that **gente** without the article **a** = people.

Há muita gente nas   There are many people in the big cities.
grandes cidades.

Expressions using **gente**:

Eu também sou gente!	**Ele é gente boa.** = He's a nice person.
= I'm as good as anyone!	
O Luíz é gente fina!	**Ela virou gente.** = She grew up.
Luíz is a great person!	
Gente! = Gosh!	**Gente grande.** = Grown-ups.

Language point 5 ◆

Haver and ter to have

1 **Haver** expresses 'there is/are', 'there was/were' and 'to exist'. It has no plural form:

Há uma abelha na minha sopa!	There is a bee in my soup!
Há três restaurantes nesta rua.	There are three restaurants in this street.
Havia muita gente na festa?	Were there a lot of people at the party?
Havia muitos alunos na classe.	There were many students in the class.
O filme foi tão triste, não houve quem não chorasse.	The film was so sad, there wasn't a dry eye in the house.

In the spoken language preference is given to the verb **ter** and not **haver**:

Tinha **muita gente na festa?**	(instead of **havia**)
Não *tem* **toalhas no banheiro.**	(instead of **há**)
O filme foi tão triste, não *teve* **quem não chorasse.**	(instead of **houve**)

2 **Haver** expressing: 'how long', 'for a long time', 'for' plus a period of time, or 'ago'. (interchangeable with **fazer**):

Há (faz) quanto tempo você mora aqui?
How long have you been living here?

Há (faz) muito tempo que ele não come carne.
He hasn't eaten meat for a long time.

Não via o namorado havia (fazia) dois meses.
She hadn't seen her boyfriend for two months.

Fui ao Brasil há (faz) cinco anos.
I went to Brazil five years ago.

3 Idioms using **haver**:

O que é que há?	What's the matter?
Haja o que houver.	Come what may.
O que houve?	What's wrong/what happened?
Não houve nada!	Nothing's wrong/nothing happened!

Hei de vencer!	I will win!
O que há de novo?	What's new?

4 Idioms using **ter:**

tenho vontade de . . .	I feel like . . .
Você tem certeza?	Are you sure?
tenha paciência.	Be patient.
O que é que tem?	What's wrong?
Não tenho culpa de nada.	It's not my fault.
Isso não tem nada a ver.	It has nothing to do with . . .
Tem gente aí?	Is anybody there?

Exercise 16

Fill in the gaps with the correct form of **haver** or **ter:**

1 Eles não _____ educação.
2 Vocês _____ condições de trabalhar?
3 _____ quanto tempo você trabalha para essa empresa?
4 Luiz não _____ medo de cachorros.
5 Ela não ia a Ilhabela _____ algum tempo.
6 Moro em Piracicaba _____ mais de 10 anos.
7 Confia em mim, me conta o que _____.
8 Nós não _____ pressa.
9 Já lhe contei tudo. Não _____ nada de novo.
10 Está chorando . . . sabe o que _____ com ela?
11 Desculpe, mas não _____ vagas.

Você sabia?

Churrasco is a typical Brazilian meal. It originated in the *Pampas Gaúchos* (Rio Grande do Sul Plains). For Brazilians any occasion is an excuse to celebrate with a barbecue. Steak houses, *Churrascarias Rodízio*, are the most popular restaurants in Brazil. Why *rodízio*? Because the waiters keep going round the tables serving slices of meat on to your plate. Brazilian *churrascarias* have become fashionable in many countries around the world. Is there one in your country?

2   O Brasil

In this unit you will learn about:

▶ geographical facts and figures
▶ making comparisons
▶ definite and indefinite articles
▶ passive voice: **ser** plus past participle
▶ uses of **ficar**
▶ describing places

Text 1 『』 (CD1; 9)

The territory of Brazil covers over 8 million square kilometres and there are over 7,000 kilometres of coastline.

Exercise 1

a   Read the text, check the vocabulary below then listen to the recording.
b   Say whether these are true or false:

1   The south is the least populated region. _____
2   The majority of the indigenous population is concentrated on the coast. _____
3   Brazil shares a border with Ecuador and Chile. _____
4   There are only four other countries larger than Brazil. _____
5   The north is the largest area of Brazil. _____

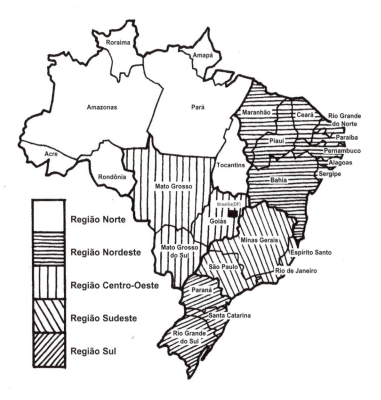

Região Norte
Região Nordeste
Região Centro-Oeste
Região Sudeste
Região Sul

O Brasil

O Brasil é tão grande quanto os Estados Unidos da América, excluindo o Alasca. Todas as nações do continente sul-americano fazem fronteira com o Brasil com exceção do Equador e do Chile.

Situado na América do Sul, o Brasil é o quinto maior país do mundo em extensão territorial e está dividido em cinco regiões: Norte, Nordeste, Centro-Oeste, Sudeste e Sul.

A região Norte ocupa 42 por cento do território nacional. Apesar de ser a região menos habitada do Brasil é onde se concentra a maioria da população indígena brasileira.

A língua oficial do Brasil é o português mas o sotaque e a entonação são diferentes do português falado em Portugal.

A raça brasileira é uma mistura de três raças: o índio, o africano e o português. Esta miscigenação fez do Brasil um país culturalmente rico e, ao mesmo tempo, único.

Vocabulary ◆

tão grande quanto	as big as
excluindo	excluding
fazem fronteira com	have borders with
com exceção do	with the exception of
o quinto maior	the fifth largest *
está dividido em	is divided into
ocupa	occupies
apesar de ser	in spite of being
concentrar	to concentrate/gather
população indígena	indigenous population
sotaque (m)	accent
entonação (f)	intonation
miscigenação (f)	miscegenation

*See the Grammar reference for more on numbers.
Play a game about Brazilian states on this web site: www.cambito.com.br/games/brasil.htm
Check this site to learn more about Brazilian regions: http://www.brcactaceae.org/brazil.html

Exercise 2

This article contains some inaccurate statements about Brazil.

1 Underline the two correct statements.
2 Write down the statements correctly in English.

O Brasil é mais ou menos a metade do Alasca. Na verdade é um país de proporções razoáveis. Eu penso que o Brasil deve ter uns 50 estados. Geograficamente está dividido em cinco regiões. O que é interessante é que os brasileiros falam exatamente a mesma língua falada em Portugal, até o sotaque é o mesmo. Muita gente fala espanhol e línguas africanas no Brasil porque afinal, os brasileiros são descendentes de espanhóis e africanos. A região norte é a maior região brasileira mas tem poucos habitantes.

Language point 1 ◆

Ways of making comparisons

1 Using comparatives:

mais . . . (do) que   more . . . than
tão . . . como/quanto as . . . as
menos . . . (do) que less . . . than

> A região Norte é *mais* extensa *do que* a região Sul.
> The Northern region is *more* extensive *than* the Southern region.

> Este país é *tão* empolgante *quanto* aquele.
> This country is *as* exciting *as* that one.

2 Using the superlative:

o/a/os/as mais (moderno, etc.) **de**   the most (modern, etc.) of
mais . . . que   the most . . . that
menos . . . de   the least . . . of
menos . . . que   the least . . . that

> O *país mais* ecológico *do* mundo.
> The most ecological country in (of) the world.

> Esta é *a língua mais* difícil *de* todas.
> This is the most difficult language of all.

> Estas são *as regiões menos* habitadas *que* conhecemos.
> These are the least populated regions that we know.

Some comparatives are irregular:

grande big	**maior** bigger
A minha casa é grande.	A sua casa é maior.
O meu carro é grande.	O seu carro é maior.
pequeno/a small	**menor** smaller
Este jardim é pequeno.	Aquele jardim é menor.
Esta mala é pequena.	Aquela mala é menor.
ruim, mau (m) / **má** (f) bad	**pior** worse
Este filme é ruim / mau.	Aquele filme é pior.
Esta comida é má.	Esta comida é pior.
bom (m) / **boa** (f) good	**melhor** better
Este livro é bom.	Aquele livro é melhor.
Esta escola é boa.	Aquela escola é melhor.

Exercise 3

First find the Portuguese equivalents for the words in English (where necessary) then fill in the gaps with the suggested comparative and superlative word:

1. A minha cidade é _____ (tranquil) _____ a sua.   (more/than)
2. O Chile é _____ (populated) _____ o Brasil.   (less/than)
3. O Norte é _____ (developed) _____ o Nordeste.   (as/as)
4. Esta é _____ cidade _____ (clean) _____ conhecemos.   (the/most/that)
5. Este é _____ exercício _____ (difficult) _____ todos.   (the/least/of)
6. Esta é _____ loja _____ (expensive) _____ cidade.   (the/most/in the)
7. Portugal é _____ _____ o Brasil.   (smaller/than)
8. O Amazonas é _____ _____ o Paraná.   (bigger/than)
9. O carnaval baiano é _____ _____ o carioca.   (better/than)
10. O ônibus estadual é _____ _____ o urbano.   (worse/than)

Exercise 4

This article describes Brazil's population and where the majority of people have put down roots.

1. What do the numbers in the text represent? Answer in English.
2. Translate the text into English.

Devido ao crescimento da população e aos 40 anos de migração interna, o Brasil é hoje um país urbano. De acordo com o censo do ano 2003, a população do Brasil é de cerca de 180 milhões de habitantes dos quais 81 por cento vivem nas cidades. A grande São Paulo, com mais de 17 milhões de habitantes, é uma das mais populosas metrópoles do mundo. A maioria da população do Brasil está concentrada ao longo da costa do Atlântico enquanto grande parte do país, incluindo a enorme bacia do Amazonas, continua escassamente habitada e quase inacessível.

Language point 2 ♦

Definite and indefinite articles

1 The definite article o/a, os/as – 'the', individualizes countries, regions, continents, oceans, rivers, islands, mountains, etc.:

os Estados Unidos	**a Ilha de Marajó**	**as Américas**
os Andes	**o Amazonas**	**o Atlântico**

The definite article is not always necessary for some countries and regions:

Portugal   **Cuba**   **Castela**

Most towns and cities do *not* require an article:

Brasília   **Manaus**   **Londres**

except for those which are also common nouns:

o Rio de Janeiro   *o* Porto
lit.: the river (of January)   the port

Recife is a city but is an exception. It can appear with or without the article:

o **Recife** 'the reef' (or **Recife**).

2 Contracting **de** 'of/from', or **em** 'in/on' with the definite article:

de + o > do	**de + a > da**	**de + os > dos**	**de + as > das**
em + o > no	**em + a > na**	**em + os > nos**	**em + as > nas**

Você é da Argentina?   Are you from Argentina?
Você trabalha no Brasil ou na   Do you work in Brazil or in Venezuela?
  Venezuela?

3 The indefinite articles agree in gender and number with the noun referred to:

um (ms)	**uma** (fs)	a, an
uns (mpl)	**umas** (fpl)	a few/an indefinite number of something

Vou comprar um CD.   I'm going to buy a CD.   (***uns* CDs** *a few* CDs)
Escreveu uma carta. He wrote a letter.   (***umas* cartas** *a few* letters)

uns/umas are interchangeable with **alguns/algumas** 'some'.
em 'in/on' can contract with the indefinite article:

em + um > num	**em + uma > numa**
em + uns > nuns	**em + umas > numas**

> **Ela mora numa cidade do Nordeste.** She lives in a city in the north-east.

But **de** 'of/from' + indefinite article contracted is not popular either in the written or spoken language in Brazil:

Ele vem *de um* país muito rico. He comes from a very rich country
(not ~~dum~~). which reads 'djium país'.

Exercise 5

Fill in the gaps with **de** or **em** (contracted or not with an article), then translate the sentences into English:

Examples: **Ela é *do* Recife.** **Moro *numa* fazenda.**
She is from Recife. I live on a farm.

1 O Carnaval _____ Rio de Janeiro é fantástico!
2 Jim nasceu _____ Estados Unidos.
3 Moramos _____ África.
4 Você vem _____ Canadá?
5 Moram _____ Brasília ou _____ Diamantina?
6 Moro _____ país tropical.
7 Trabalharam _____ fábrica.

Dialogue 1))🎧 (CD1; 11)

A reporter from Rádio Morena is broadcasting a general knowledge quiz on Brazil. Lucas and Ida are the last two contestants left in the show.

Repórter Então Ida, diga-me quando o Brasil foi descoberto e por quem.

Ida O Brasil foi descoberto no dia 22 de abril de 1500 por Pedro Álvares Cabral.

Repórter E você sabe quando o Brasil se tornou independente de Portugal?

Ida A Independência do Brasil foi no dia 7 de setembro de 1822.

Repórter	Pois bem, agora é a sua vez Lucas . . . Qual é o estado mais industrializado do Brasil?
Lucas	É o estado de São Paulo, claro.
Repórter	Qual é a capital do Brasil?
Lucas	Brasília.

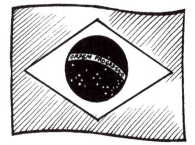

Repórter	Onde fica a cidade de Santos?
Lucas	Esta pergunta é moleza porque sou de Santos. Santos fica no litoral de São Paulo.
Repórter	Esta pergunta é para vocês dois: quando foi fundada a cidade do Rio de Janeiro?
Ida	Ah, esta é fácil para mim que sou carioca da gema! Estácio de Sá fundou a cidade do Rio de Janeiro em 1º de março de 1565.
Repórter	Corretíssimo! Parabéns, vocês acertaram todas as perguntas!

Vocabulary ◆

se tornou	it became (**tornar-se** to become)
a sua vez	your turn
claro	of course (coll. lit.: clear, light)
moleza	easy (coll. lit.: softness, weakness)
litoral (m)	coast
foi fundada	was founded
carioca	native of Rio
carioca da gema	a true carioca (**gema** = egg yolk)
corretíssimo	absolutely correct
vocês acertaram	you got it right

Exercise 6

a   Listen to and read Dialogue 1. Are the following statements true or false?

1 Pedro Álvares Cabral descobriu o Brasil no dia 22 de abril de 1500. _____
2 O Brasil tornou-se independente de Portugal no dia 7 de setembro de 1822. _____
3 Há mais indústrias no Amazonas do que em São Paulo. _____
4 Santos é uma cidade do interior paulista. _____
5 Brasília é a capital do Brasil. _____
6 O Rio de Janeiro foi fundado em 1557. _____

b   Vamos falar: role-play one or more parts in Dialogue 1.

Text 2 🔊 (CD1; 13)

Like any other country, Brazil has many regional stereotypes.

Exercise 7

1   Listen to the text then translate it into English.
2   Write a short profile on regional stereotypes in your own country.

O carioca, o paulista, o mineiro, o baiano . . . são todos brasileiros mas cada um tem características que os diferenciam uns dos outros. O carioca é comunicativo e bem humorado. O paulista é apressado e sério. O mineiro é desconfiado e pão-duro. O baiano é alegre e otimista. É sabido que São Paulo trabalha enquanto o Rio de Janeiro se diverte e Minas Gerais trabalha em silêncio . . .

If you want to learn more about the carioca, look at the lyrics of Adriana Calcanhotto's 'Cariocas': www.vagalume.com.br

Language point 3 ◆

The passive

The passive voice, **ser** plus past participle, introduces action ('is made by . . .'/'was discovered by . . .'). It is used in all tenses and follows the same pattern as in English:

ser + past participle + **por**
to be + past participle + by

O Brasil *foi descoberto* por Pedro Álvares Cabral.
Brazil *was discovered* by Pedro Álvares Cabral.

As redes *são tecidas* pelos índios.
The hammocks *are woven* by the Indians.

Note the past participle *agrees* in gender and number with the subject of the passive sentence:

Esta praça (fpl) **foi inaugurada pelo prefeito.**
This square was opened by the mayor.

The past participle is usually formed by removing the infinitive ending:

-ar -er -ir and adding: **-ado** for **-ar** infinitives and **-ido** for **-er** plus **-ir** infinitives.

colonizar > coloni*zado*   reconhecer > reconhe*cido*
invadir > invad*ido*

Some past participles are irregular. Examples:

abrir	**>aberto**	to open/opened
cobrir	**>coberto**	to cover/covered
dizer	**>dito**	to say/said
escrever	**>escrito**	to write/written
fazer	**>feito**	to do, make/done, made
pôr	**>posto**	to put/put
ver	**>visto**	to see/seen
vir	**>vindo**	to come/came

Other verbs have *two* forms of the past participle – one regular and one irregular. Some examples:

	Regular past participle	*Irregular*	
aceitar	**>aceitado**	**aceito**	to accept/accepted
eleger	**>elegido**	**eleito**	to elect/elected
expulsar	**>expulsado**	**expulso**	to expel/expelled

The *irregular* past participle is always used with **ser**.

Os presentes *foram aceitos* The presents were accepted
pelos índios. by the Indians.

Whilst the *regular* past participle is used in compound tenses with the
verb **ter**, in which case the past participle is *invariable*:

Os índios *tinham aceitado* The Indians had accepted
os presentes. the presents.

See the Grammar reference for more on past participles.

Note: the irregular past participle is also used with **estar** *to be* – see Unit 3.

Exercise 8

Fill in the gaps with the correct form of **ser** plus past participle:

1 A pesca no Pantanal _____ _____ (is prohibited/proibir) pelo
governo.
2 A floresta _____ _____ (was destroyed/destruir) pelo fogo.
3 Os turistas _____ _____ (were received/receber) pelo prefeito.
4 O estagiário _____ _____ (was praised/elogiar) pela diretora.
5 Os estudantes _____ _____ (were applauded/aplaudir) pelo
comitê.
6 Os invasores _____ _____ (were expelled/expulsar) pelo
governo.
7 Esta rede _____ _____ (is made/fazer) pelos índios brasileiros.
8 O primeiro sinal de terra _____ _____ (was seen/ver) pelos
portugueses.

Dialogue 2 (CD1; 15)

*Leila meets Aldo who is from Diamantina. Notice she addresses
Aldo as **tu** and not **você** because she is from Maranhão in the north-
east of Brazil.*

Exercise 9

a Read the dialogue, check the vocabulary then listen to the recording.

b Answer these questions:

1 Why does Aldo love Diamantina?
2 What is there for the visitor to enjoy in the historic centre?
3 How far is Diamantina from Belo Horizonte?

c Vamos falar: role-play the parts of Leila and Aldo.

LEILA És catarinense, Aldo?

ALDO Vivi muitos anos em Floripa* mas, acredite se quiser, não sou catarinense. Sou de Diamantina, uma das mais belas cidades históricas de Minas Gerais. O nosso ex-presidente Juscelino Kubitschek era de Diamantina, sabia?

LEILA E é uma cidade boa para morar?

ALDO Com certeza. Eu adoro Diamantina! Lá você vive entre amigos além de poder desfrutar de uma vida tranqüila e sem a poluição das grandes cidades. No centro histórico há muitas lojas de artesanato, museus, igrejas, restaurantes de comida típica mineira e a casa onde Juscelino Kubitschek passou a infância.

LEILA E onde fica exatamente a tua cidade?

ALDO Fica a 290 quilômetros ao norte de Belo Horizonte que é a capital de Minas.

LEILA Ficas com saudades de tua terra?

ALDO Fico sim. Mas vou voltar e lá ficar.

LEILA Fazes bem em voltar. Eu vou ficando por aqui até me aposentar.

Note: **Tu** is also used in the south of Brazil, in Rio Grande do Sul but here people don't use the verb form for **tu** – instead they use the **você** form.
*Floripa – short for Florianópolis, Santa Catarina (capital)

Vocabulary ♦

catarinense	someone who was born in Santa Catarina
acredite se quiser	believe it or not
desfrutar	to enjoy

poluição (f)	pollution
passar a infância	to spend one's childhood
ficar com saudades (de tua terra)	to be homesick/to miss (home)
fazer bem em voltar	to do the right thing in going back
vou ficar por aqui	I am staying put/where I am

Language point 4 ♦

Ficar

Ficar is one of two main verbs (the other is **ser**) used to describe location.

Ceará fica no Nordeste do Brasil.	Ceará is in the north-east of Brazil.
A Pousada Sol fica na Praça da Matriz.	The Pousada Sol is on Matriz Square.

Other meanings of **ficar** are 'to stay', 'to remain' and 'to become':

Onde você fica quando vai a Leopoldina?
Where do you stay when you visit Leopoldina?

Ficaram dois carros no estacionamento.
Two cars remained in the car park.

Quando ouviu o ruído, ela ficou nervosa.
When she heard the noise she became nervous.

Ficar is also used idiomatically (**fico com saudades** I am homesick . . . / I miss . . .).

Note: **estar** plus the past participle of the verb **situar** is also used to indicate situation:

A praia Paracuru está situada ao noroeste de Fortaleza.
Paracuru beach is (situated) in the north-west of Fortaleza.

Exercise 10

Fill in the gaps with the correct form of **ficar** then translate the text into English:

Isto é real   This is true

Leopoldina é uma pequena cidade, muito hospitaleira, que (1) _____ na Zona da Mata de Minas Gerais. Meu marido (2) _____ feliz quando (3) _____ em Leopoldina. Ele (4) _____ sempre relaxado. Um dia num restaurante ele disse ao garçom: – (5) _____ com o troco. (6) _____ muito envergonhada porque tudo o que (7) _____ foi R$0,20 (vinte centavos). Você pensa que ele (8) _____ com o troco?

---

ficamos we stay   **fica** is situated   **ficou sobrando** remained
fica is   **fica** is   **fiquei** I was   **pode ficar** to keep
quis ficar wanted to keep

---

o real Brazilian currency – R$ **um real = 100 centavos** (cents)

Você sabia?

According to new measurements taken by the National Institute of Space Research, the Amazon river surpasses the Nile in length and is now officially the longest river in the world. Through NASA's satellite images the experts observed that the length of the Egyptian river (6,610km) is around 50km less than the Amazon (6,670km).

3 Estou em férias!

In this unit you will learn about:

- ▶ expressing opinion, agreement, and confirmation
- ▶ **estar** plus past participle
- ▶ causal conjunctions
- ▶ question words
- ▶ reiterative reply
- ▶ expressing the future
- ▶ expressing frequency

Situation 1 〔🔊〕 (CD1; 18)

*Nilza and Clarice are planning a holiday together. They narrow down their choice to two package holidays (**pacotes turísticos**) in Brazil.*

Exercise 1

Listen to the CD then read the holiday details and then answer these questions in Portuguese:

1 Where is Salvador? (use: ficar, a região, o estado)
2 What transport is involved in holiday 1?
3 What do you think *transporte grátis* means?
4 Which words in the two holiday descriptions are related to water?

1   *Férias na Bahia (10 dias)* – Salvador – R$1.600,00
      passagem aérea e traslados
      passeios de barco e transporte grátis
      mergulho
      abadá
      hotel ☆☆☆ Praia de Itapuã – Ar condicionado
   30 minutos internet

2 | *Recife (12 dias)* – Praia de Boa Viagem – R$1.600,00
Este pacote turístico inclui:
passeio de catamarã de hora em hora
transporte para o Porto de Galinhas
aulas de forró e show folclórico
hotel ☆☆ a 100m da praia
Ar condicionado, rede
perto do Aeroporto

Vocabulary ♦

Salvador (da Bahia)	capital of Bahia State
traslados (mp)	transfers
passeios (mp)	excursions
aula de mergulho (m)	diving lesson
abadá (m)	identification kit to dance in a Carnaval *bloco* (group)
de hora em hora	every hour
forró (m)	a kind of dance (see Você sabia?)
rede (f)	hammock, also 'net' = internet

For more information on **abadá** see: http://www.carnaxe.com.br/abadas/historia1.htm.

Exercise 2

Vamos falar

Alone or in pairs, compare holidays 1 and 2 and say which one is more interesting. Use:

Q Na sua opinião, qual pacote turístico é mais interessante? Por quê?

A Na minha opinião, o pacote turístico mais interessante é ...porque...

Have a look at these sites for more ideas:
http://www.emtursa.ba.gov.br/
http://www.recifeturismo.com.br/

Situation 2 [🔊] (CD1; 21)

Clarice and Nilza are still not sure where to go on holiday. They exchange emails comparing the two holidays.

Exercise 3

Before listening to Situation 2, try and match these expressions from it:

1 passagem de ida e volta	_____ you still have twenty left
2 estava desconectada	_____ agreed
3 está combinado	_____ I have used almost all
4 tudo está ligado	_____ luncheon vouchers
5 você ainda tem vinte sobrando	_____ it was disconnected
6 usei quase todos	_____ return ticket
7 vales-refeição	_____ everything is connected

From: clarice@colloquialportuguese.br
To: nilza@colloquialportuguese.br
Subject: Férias!

Nilza, acho o primeiro pacote turístico muito legal. São 10 dias em Salvador, com hospedagem em hotel três estrelas, passeios incluídos, aula de mergulho, abadá, internet grátis, passagem de ida e volta e traslados. Preço total: R$1.600,00. O que você acha?

From: nilza@colloquialportuguese.br
To: clarice@colloquialportuguese.br
Subject: Férias!

Oi Clarice, eu tive problemas com o meu computador e a internet estava desconectada ontem à tarde. Agora que tudo está ligado de novo, posso responder a sua mensagem. Bom, acho ótimo mas, pelo mesmo preço podemos passar 12 dias no Recife, e ainda visitar o Porto de Galinhas, concorda?

From: clarice@colloquialportuguese.br
To: nilza@colloquialportuguese.br
Subject: Férias!

Sem dúvida. A viagem para o Recife parece mais interessante, não é? Mas penso que devíamos passar na agência de viagens para pedir mais detalhes. Vamos perguntar se podemos pagar parcelado.

From: nilza@colloquialportuguese.br
To: clarice@colloquialportuguese.br
Subject: Férias!

Mas é claro. A agência está aberta à hora do almoço e já que vamos almoçar no centro amanhã, podemos ir até lá e pedir mais informações.

From: clarice@colloquialportuguese.br
To: nilza@colloquialportuguese.br
Subject: Férias!

Está combinado. Quem vai pagar o almoço?

From: nilza@colloquialportuguese.br
To: clarice@colloquialportuguese.br
Subject: Férias!

É a sua vez. Eu já usei quase todos os meus vales-refeição e você ainda tem 20 sobrando.

From: clarice@colloquialportuguese.br
To: nilza@colloquialportuguese.br
Subject: Férias!

Tudo bem!

Exercise 4

Answer these questions in English on Situation 2:

1 Nilza did not reply immediately to Clarice's message. Why?
2 Which package does Nilza prefer?
3 What do Nilza and Clarice want to do the following day?

In Brazil, even small items, such as a pair of shoes, can be paid for in instalments (**pagar parcelado**). Here are some signs you might see displayed in shops/stores:

10 pagamentos/parcelas/prestações	payment in 10 instalments
desconto de 10 por cento	10 per cent discount
aceitamos cheques pré-datados	we accept post-dated cheques
sem entrada	no down payment
sem juros	interest free
aceitamos cartões de crédito	we accept credit cards
pagar no carnê	pay with payment book

Language point 1 ♦

Expressing opinion, agreement and confirmation

1 Opinion – **achar, pensar** (to think):

Look at these two examples using **achar** from Situation 2:

Acho o primeiro pacote turístico muito legal.
I think the first package holiday is great.

Acho ótimo.   I think it is great.
Penso que é melhor irmos   I think it is better if we go by car.
  de carro.

2 Agreement – **concordar, estar de acordo** (to agree)

Eu concordo com você que o show foi ruim.
I agree with you that the show was bad.

Estou de acordo com ele.
I agree with him.

Other ways of expressing agreement:

claro que sim	of course
claro	sure
sim, claro	yes, of course
mas é claro	but of course
sem dúvida	without doubt
com certeza	certainly

3 Confirmation

You are afraid of heights, aren't you? . . . exactly/that's right

Você tem medo de altura, não é verdade? . . . **isso mesmo**
. . . não é isto? . . . **exatamente**
. . . não é? . . . **com certeza**
. . . não é mesmo? . . . **é isso mesmo**

Exercise 5

Vamos escrever

Meios de transporte   Means of transport

Lourenço prefers travelling by train because it is quick and comfortable, whilst Sonia is afraid of travelling by plane and also points out that it is more expensive to fly. Paulo thinks that, without doubt, travelling by bus is cheaper but it is not as fast.

Based on the information above, write a dialogue in Portuguese between the three friends. Here are some expressions: **prefiro viajar de avião/de trem/de ônibus porque . . . é mais/menos barato, rápido, confortável/tenho medo de . . . /com certeza, mas . . .**

Feel free to add your own ideas about the advantages and disadvantages of each mode of transport.

Exercise 6

Match the questions to their correct answers:

1 Os hotéis são mais caros no verão?

2 Você vai pagar o almoço hoje?

3 Já comprou as passagens?

4 Você vem conosco ao teatro?

5 Você vai lhe pedir desculpas?

a Claro. A minha atriz favorita está na peça.

b Com certeza. A casa é muito cara.

c Mas é claro. Afinal sou bem educada.

d Sim, claro. O que vocês querem comer?

e Claro que sim. Vamos no vôo 2316 da Gol.

6 É melhor comprar o terreno, não acha?

f Sem dúvida. Poucas pessoas gostam de tirar férias no inverno.

Language point 2 ♦

Estar plus past participle

Revise **ser** plus past participle in Unit 2.

Whereas **ser** introduces action, **estar** plus past participle indicates the *result of an action*:

A Clarice *pagou* a conta.	= the action in the active voice
A conta *foi paga* pela Clarice.	= the action in the passive voice
	(**ser** + past participle)
A conta *está paga*.	= the result of Clarice's action
	(**estar** + past participle)

The past participle agrees in gender and number with the subject. Examples:

A conta está pag*a*.	The bill is paid.
As passagens estavam comprad*as*.	The tickets were bought.
O computador estava desconectad*o*.	The computer was disconnected.
Os passeios estão cancelad*os*.	The outings are cancelled.

See also the examples in Situation 2.

Exercise 7

Write sentences using **estar** plus past participle as per the example below.

Action	Result
Paguei o almoço das meninas.	O almoço das meninas **está pago.**
1 Desliguei os computadores.	_____
2 Comprei a passagem.	_____
3 Ela abriu a porta da sala.	_____
4 Incluí os documentos necessários.	_____
5 A moça da agência reservou o hotel.	_____
6 O cozinheiro preparou o jantar.	_____
7 O jardineiro plantou a árvore.	_____

Dialogue 1  (CD1; 23)

A passenger's luggage has gone missing at the airport.

Exercise 8

a   Listen to the dialogue and answer these questions in English:

1   Why does the airport official advise notifying the airline company immediately?
2   What information is required on the formulário de reclamação?

b   Translate the dialogue into English.

Dicas sobre extravio de bagagem

PASSAGEIRO   A minha bagagem não apareceu na esteira. Tenho que avisar a companhia aérea?

FUNCIONÁRIO   Isso mesmo. Tem que avisar imediatamente porque há muitos outros vôos chegando.

PASSAGEIRO   Onde tenho que ir?

FUNCIONÁRIO   Segue ali à esquerda. Procure o balcão da empresa aérea onde você pode pegar um formulário de reclamação. Você precisa apresentar o seu ticket de bagagem e preencher todos os detalhes: o seu nome, o número do vôo, tipo e tamanho da mala e o endereço.

esteira (f) carousel
formulário de reclamação (m) claim form

Language point 3 ♦

Causal conjunctions

Causal conjunctions **porque, uma vez que, como, já que, visto que** express the reason for something and in general all translate 'because/as/since':

> **Não fomos à praia** *porque/uma vez que* **tivemos visitas.**
> We did not go to the beach *because* we had visitors.

> *Como/já que/visto que* **estava chovendo, não fomos ao cinema.**
> *As/since/because* it was raining, we did not go to the cinema.

Note that, in the spoken language, **porque** is normally used in place of the other conjunctions.

Exercise 9

Combine both sentences into one, using a suitable conjunction and translate into English. Try to use a variety, not just **porque**. Example:

> **Ela não conseguiu o emprego. Não tinha o certificado de 1º grau.**
> **Ela não conseguiu o emprego** *visto que* **não tinha o certificado de 1º grau.**
> She did not get the job *as/because* she did not have the first grade certificate.

1 Não há peixes. O rio secou.
2 O hotel está cheio. Chegaram 100 turistas ontem.
3 Não fui ao shopping. O meu carro estava sem gasolina.
4 Eles não puderam viajar. Não tinham os passaportes em dia.
5 Ficamos sem banho. Faltou água quente na pousada.
6 Vamos passar as férias nas montanhas. Não gostamos de barulho.

Dialogue 2 (CD1; 25)

Tour guide Dalva is organizing two groups of tourists who are going from Curitiba to Morretes and Paranaguá, two tourist spots in Paraná in the south of Brazil.

Exercise 10

a Listen to the dialogue then in English say if these are true or false:

1 Dalva asks everyone to form one queue (uma fila). _____
2 Someone has left a bag at the reception desk. _____
3 Vegetarians will enjoy the main dish at Morretes. _____
4 Arrival in Curitiba will be around 8.30 pm. _____

b Translate the dialogue into English.

DALVA   Por favor, quem vai a Morretes deste lado. Do lado esquerdo os que vão até Paranaguá.

TURISTA 1 Dalva, a que horas vamos sair para Paranaguá?

DALVA   Vamos sair daqui a 20 minutos. Por favor, atenção, quem esqueceu uma caneta preta com as iniciais J.B. na recepção?

TURISTA 2 Quais são as iniciais . . . J.B.? Ah, é minha, obrigada.

TURISTA 3 Vamos almoçar hoje em Morretes, não vamos?

DALVA   Vamos. Você não é vegetariano, é?

TURISTA 3 Não, não sou.

DALVA   Atenção! . . . nós vamos parar em Morretes para almoço. Vamos comer barreado. Levanta a mão quem é vegetariano!

TURISTA 1 Quando vamos voltar para Curitiba?

DALVA   Deixaremos Paranaguá entre as 5 e 5h15min e provavelmente estaremos em Curitiba lá por volta das 8h30min ou um pouco antes. Jantaremos no Madalosso, no Bairro de Santa Felicidade.

TURISTA 2   Pode repetir por favor . . . ? Não ouvi nada, tem muito barulho aqui atrás.

barreado (m) meat stew cooked slowly in a clay pot – speciality of Morretes
bairro (m) district/area

The 116 km train ride between Curitiba and Paranaguá goes across Serra do Mar and takes you through some of the most spectacular scenery in Brazil.

Language point 4 ♦

Question words

Re-read Dialogue 2 to see some examples.

Que 'what/which': refers to people/things. It often accompanies a noun.

Que semana ele chegou?	What (which) week did he arrive?
Que turista perdeu uma caneta?	Which tourist lost a pen?
Que faz?	What are you doing?
Que é isto?	What is this?
Que é um chope?	What is a chope? (draught beer)

o que 'what': cannot accompany a noun.

O que você acha?	What do you think?
O que queres?	What do you want?

It is used with ser when a definition is asked for.

O que é barreado?	What is barreado?

Quem 'who': only refers to people.

Quem organizou a excursão?	Who organized the excursion?
Quem é?	Who is it?

A quem 'to whom':

A quem mostrou o mapa?	To whom did you show the map?

De quem 'whose':

De quem são estes óculos de sol?	Whose sunglasses are these?

Qual 'which/what': Refers to people and things.
(pl. quais)   Indicates a choice – which (*one/s*); which (*of these*).
Agrees in number with the noun it refers to.

Qual destas cidades ele gostou?	Which (one) of these cities did he like?
Quais pontos turísticos visitou?	Which tourist spots did you visit?
Qual é o nome deste hotel?	What is the name of this hotel?
Quais são as suas iniciais?	What are your initials?

Quanto/quanta/quantos/quantas 'how much/many': is variable in gender and number.

Quantas malas perdeu?	How many suitcases did you lose?
Quanto tempo temos agora?	How much time do we have now?

Here are some more question words:

Como **ele viajou?**	How did he travel?
Por que **tu gostas do Rio?**	Why do you like Rio?
Quando **visitaram o museu?**	When did you (pl.) visit the museum?
Onde **você ficar vai?**	Where are you going to stay?

In colloquial language the 'interrogative' **cadê** meaning **onde está/estão** is very common.

Cadê meu CD novo?	Where is my new CD?

See page 183 for uses of **porque**.

Exercise 11

Ask questions which answer the words in italics:

A: *Vilma e Leo* foram à Ilha do Mel.
Q: Quem foi à Ilha do Mel? *(Vilma e Leo)*
Who went to the Ilha do Mel?

1 A viagem a Paranaguá durou *4 horas*.
2 Saímos *por volta das 7h30min*.
3 Almoçamos *no restaurante alemão*.
4 *Nós fomos* à feira de artesanato.
5 A mala da Corina *é aquela ali*.
6 Comemos *bife e salada* no restaurante.
7 Chegamos *ao meio-dia*.
8 Ela viu *dez* macacos no zoológico.

Language point 5 ♦

Reiterative reply

Instead of answering questions with a simple 'yes' or 'no' reply, the principal verb is often repeated, along with an optional **sim** or **não**. This is known as the reiterative reply.

Ele é vegetariano? É (sim)   Is he vegetarian? Yes.

Sometimes the same verb is repeated twice:

A Paula vai comprar a passagem hoje? Vai, vai.
Is Paula going to buy the ticket today? Yes, she is.

In an interrogative using **não** before the verb, the answer can be affirmative or negative:

Vamos almoçar em Morretes, não vamos? Vamos. (or, não, não vamos)

In another construction, equivalent to the English: 'You are not . . . , are you?' the answer can be either affirmative or negative:

Você não é vegetariano, é? Não, não sou. or: Sim, sou.

Exercise 12

Answer these questions in Portuguese using the reiterative reply:

1 We are going to visit the museum today, aren't we?   (Yes we are)
2 You have lost your wallet, haven't you?   (Yes I have lost it)
3 Are they Americans?   (Yes they are)
4 You are not Lúcia's brother, are you?   (No I'm not)
5 Do you have your documents with you?   (Yes I do)
6 Did he pay for the lunch?   (Yes he did)

Language point 6 ◆

Expressing the future

1 Future indicative: 'we will leave'; 'they will arrive', etc.

Formation: add the endings **-ei, -ás, -á, -emos, -eis, -ão** to any infinitive:

Viajar*ei* sozinho.   I shall/will travel alone.
O avião sair*á* às nove.   The plane will leave at nine.
Chegar*emos* amanhã.   We will arrive tomorrow.

Irregular verbs:

fazer to do/make   **dizer** to say/tell   **trazer** to bring
***far*ei** I will do/make   ***dir*á** you will say   ***tra*remos** we will bring

2 The verb **ir** (to go) plus infinitive 'I am going/he is going' also expresses the future. It is less formal and more commonly used. See the examples in Dialogue 2.

Formation: present indicative of **ir** – **vou, vais, vai, vamos, vão** + infinitive:

***Vou* preencher a ficha.**   *I am going to fill in* the form.
***Vão* embarcar às dez horas.**   *They are going to board* at 10.
***Vamos* comer mais tarde.**   *We are going to eat* later.

Exercise 13

Complete the sentences with both forms of the future of the verb in brackets:

1 Eu (pedir) a conta.
2 O avião (aterrizar) muito cedo.
3 Ele (reclamar) a sua bagagem.
4 Elas (verificar) o horário de partidas.
5 Você (trocar) algum dinheiro.
6 Tu (desembarcar) em Londres.
7 Nós (comer) uma lasanha.

Language point 7 ◆

Some ways of expressing frequency:

daily	diário/diariamente
weekly	semanal/semanalmente
monthly	mensal/mensalmente
yearly	anual/anualmente
every year	**todos os anos***
every day	**todos os dias**
around 30 flights daily	**cerca de 30 vôos diários**

*Also: *a cada* **ano, hora,** etc. – each year, each hour etc. (**cada** is invariable)

Exercise 14

Read the timetable (**o horário**) then answer questions 1 to 3 in Portuguese and 4 in English:

1 How often can you fly to Maringá and at what time?
2 What days are there flights to Curitiba?
3 Which destination has two daily flights?
4 What incentives does *ASAS* Airlines offer?

□□ *ASAS linhas aéreas* □□

aviões modernos! bilhetes eletrônicos! crianças viajam de graça!

Destino	Vôo	Frequência	Partida	Chegada
Curitiba	5508	Semanal (sábados e terças)	08h30	08h40
Maringá	5677	Todos os domingos	10h00	11h25
Brasília	5503	Dois vôos diários	12h40 16h30	13h10 17h00

Exercise 15

Complete the sentences with these time expressions then translate into English:

1 de hora em hora   2 dois vôos diários   3 por volta das 6h30
4 cada seis meses

1   O horário muda a _____.
2   Há vôos para São Paulo _____.
3   Quantos vôos por dia? Acho que há _____.
4   Chegaremos _____.

Você sabia?

Forró is an intimate dance from the north-east of Brazil. Instruments used are the accordion, a triangle and the zabumba (a large drum). *Forró* lyrics are normally about love, romance, jealousy and passion. The origin of the word *forró* is thought to come from the English 'for all' and relates to railway engineers from England who threw dancing parties, saying they were 'for all', i.e. for everyone to join in.

4 Aluga-se

In this unit you will learn about:

- ▶ renting and hiring
- ▶ using **por**, **para** and **a**
- ▶ the conditional (1) and the conditional perfect
- ▶ reflexive verbs and pronouns
- ▶ the gerund
- ▶ describing spaces and distances
- ▶ expressing periods of time
- ▶ verbs followed by **de** or **a**

Situation 1   ⏹🕪 (CD1; 27)

An estate agent from Rio, known as the cidade maravilhosa (the marvellous city), talks about the property rental market in Brazil.

JOEL Para alugar um imóvel no Brasil precisa-se falar com o corretor de imóveis. Ele tem os detalhes de todos os tipos de propriedades por curta ou longa temporada. O valor de locação depende da localização, do número de quartos e do padrão de construção. Pergunte se as despesas de condomínio estão incluídas no aluguel e se a luz é cobrada separadamente. Os documentos exigidos para assinatura do contrato são: comprovante de endereço, carteira de identidade, referência, depósito e fichas cadastrais devidamente preenchidas.

Exercise 1

a Before listening to Situation 1, match the vocabulary below.

1 o imóvel	_____ registry forms
2 o corretor de imóveis	_____ rental price
3 por curta ou longa temporada	_____ duly completed/filled in
4 o valor de locação	_____ estate agent
5 as despesas de condomínio	_____ for short or long let
6 as fichas cadastrais	_____ service charges
7 devidamente preenchidas	_____ property

b   Now translate Situation 1 into English.

Language point 1 ♦

Por and para

Por and **para** both translate the English 'for' but have essential differences.

1   **por** 'for' conveys:

Time or duration	**Esperamos por duas horas.**	We waited *for* two hours.
Substitution or Exchange	**Ela assinou por você.**	She signed it *for* you.
	Vou trocar este por aquele.	I'm going to exchange this *for* that one.
Cost	**Comprei a cerâmica por R$10.**	I bought the pottery *for* R$10.

por followed by a definite article contracts:

por + o   >   pelo ⎫
por + a   >   pela ⎪
por + os >   pelos ⎬ for the
por + as >   pelas ⎭

   Paguei R$20 pelo almoço.   I paid R$20 for the lunch.

por also translates 'through' and 'by':

Eles foram pela Rua do Catete.   They went *through* Rua do Catete.
Esse ônibus passa pelo museu?   Does this bus pass *by* the museum?

Note: reading mileage or km: 80km/hora = **oitenta quilômetros *por* hora** (or 50 mph).

2 **para** 'for' conveys:

Destination	**Esta carta é para o senhor.**	This letter is *for* you.
Direction	**Este é o barco para Niterói.**	This is the boat *for* Niterói.
Purpose	**Para que servem estas ferramentas?**	What are these tools *for*?

para = 'to, towards' conveys direction:

Vamos para Florianópolis hoje. We are going *to* Florianópolis today.
Eles caminharam para o metrô. They walked *towards* the metro.
Para o aeroporto, por favor. *To* the airport, please.

ir *a* implies a short stay and **ir** *para* a long stay:

Fui *a* **Teresina e depois voltei** *para* **Minas.**
I went *to* Teresina and then I came back *to* Minas.

a followed by a definite article contracts:

a + o > ao
a + a > à
a + os > aos   at/to the
a + as > às

Ela quer ir à exposição. She wants to go to the exhibition.

Exercise 2

a Fill in the gaps with **por**, **para** or **a** (contracted or not) to complete these sentences:

1 Vou _____ banco e depois _____ o trabalho.
2 Comprei essa casa _____ investimento _____ apenas R$50.000,00.
3 É possível alugar uma casa de praia só _____ uma semana?
4 Eles desceram juntos _____ rua principal.
5 Vamos _____ esta rua que é bem mais rápido.
6 Queres ir _____ cinema? Preferia ir _____ praia.
7 Quanto você pagou _____ aluguel do carro?
8 Queria trocar esta camisa branca _____ uma azul.
9 Você passou _____ parque ou veio _____ avenida?
10 _____ o Aterro do Flamengo, por favor.
11 Ele foi _____ Curitiba _____ alugar uma casa.

b Now translate the completed sentences into English.

Exercise 3

1 Read the **classificados** below which describe various things for hire or to rent. Find the translations for:

nearly-new   other brands/makes   to enjoy nature
helmet included   garden with pool
near the beach
ceiling fan   bicycle hire   power steering   house for short let
padlock   formal clothes   for only   gears   monthly
barbecue   cleaning service   for a group or a family   bedding
harness

Classificados

a

Alugam-se aptos Ipanema –
Temporada curta/ longa

2 suítes mobs, TV, ventilador
de teto, equipado, c/ roupa de
cama e mesa. Estacionamento
extra. Taxas incluídas para
períodos de até 30 dias.
Serviços adicionais de
limpeza. Transporte fácil, a 5
minutos da praia.
Contato: Isabel. F 0000-0000.

c

Ciclovia – locação de
bicicletas

Caloi, Monark e outras
marcas, 18 marchas, novas,
cadeado, seguro e capacete
incluídos. R$50 p/dia.

b

Para locação – Casa curta
temporada – Ubatuba

R$ 300 p/dia, 3 qts, p/6
pessoas, rua residencial,
mobiliada, jardim c/pisc.,
churrasq., próxima à praia.
Tel. Ilda xxxx–xxx.

d

Cavalos para aluguel

Para curtir a natureza,
com arreios, R$20 p/hora.
Reservas em frente ao hotel –
fazenda Pomar.

e

BRECHÓ – aluguel e venda roupas semi-novas p/festas a rigor e fantasias. R. Cotegipe, 150B- Leopoldina – Tel. 0000-0000

g

Locadora Bandeirantes

DVDs, games, CDs, VHS. O melhor acervo do mercado, milhares de títulos. Locações por apenas R$28 mensais.

f

Aluga-se – Palio/Gol III

Veículo básico, 4pts, p/grupo ou família. Tel. 0000-0000

h

Locadores especializados

Jeep 4 × 4, p/quem tem espírito aventureiro. Ar, direção hidráulica, c/capota, seguro incluído. R$450 p/dia. Reserva: Tel. 0000-0000

2   What do you think these abbreviations taken from the classificados mean?

p/dia   c/pisc   p/festas   4pts   c/capota   aptos   2 suítes mobs

Exercise 4

a   Vamos falar

Find the advertisement in the classificados above for a house to rent in Ubatuba and role-play a telephone call, with a partner if possible, asking for more details about it. Use expressions like: **Alô! Queria saber mais detalhes sobre . . . /Quantos quartos tem a casa? Quanto é?/tem jardim?/a casa tem piscina também?/Fica bem perto da praia?**

b   Vamos escrever

Now write a classificado in Portuguese based on advert **a**. Include the following information:

To rent, flats in Copacabana. Short let/3 furnished bedrooms with TVs/ceiling fan in living room/bed linen not included/10 minutes from the supermarket

Language point 2 ♦

Conditional tenses

1 The conditional is equivalent to the English 'he would . . . sell', etc. and is formed by adding the endings: '-ia, -ias, -ia, -íamos, -iam' to the end of any infinitive.

Nós _venderíamos_ a casa.   We _would sell_ the house.
Quem _faria_ isto para mim?   Who _would do_ this for me?

Three verbs have an irregular stem in the conditional:

fazer   to make, do   >   **_faria, farias, faria_** . . .
dizer   to say, tell   >   **_diria, dirias, diria_** . . .
trazer   to bring   >   **_traria, trarias, traria_** . . . etc.

2 The conditional perfect is formed by the conditional of the verb **ter** 'to have' plus past participle. It is the equivalent of the English 'he would have sold', etc.:

Eu não _teria alugado_ o apartamento em Copacabana.
I _would not have rented_ the apartment in Copacabana.

Teríamos comprado o carro mas não gostamos da cor.
We _would have bought_ the car but we didn't like the colour.

Exercise 5

Match sentences 1–6 with sentences a–f using the conditional/conditional perfect:

1 I would have telephoned the estate agent but I didn't have time.
2 You would not rent a house without a garden.
3 He said to the estate agent that he would sign the contract.
4 They would have filled in the registry form but they didn't know how.
5 They would have moved yesterday but it was a holiday.
6 Would you like a long term let? It would cost you much less.

a Ela disse ao corretor que assinaria o contrato.
b Teriam preenchido a ficha cadastral mas não sabiam como.
c Tu não alugarias uma casa sem jardim.

d Queria um aluguel por longa temporada? Custaria-lhe muito menos.
e Eu teria telefonado ao corretor mas não tive tempo.
f Eles teriam mudado ontem mas foi feriado.

Language point 3 ◆

1 Reflexive verbs
Reflexive verbs join with a reflexive pronoun (**me** 'myself', **te** 'yourself', etc.) which refers back to the subject of the verb:

I wash (myself).	**Lavo-me.**
They dress (themselves).	**Vestem-se.**

Example of a reflexive verb:

levantar-se to get up	*Subject pronoun*	*Reflexive pronoun*	
(**Eu**) **levanto-me**	I	**me**	myself
(**Tu**) **levantas-te**	You	**te**	yourself
(**Ele/ela**) **levanta-se**	S/he	**se**	him/herself, itself
(**Você**) **levanta-se**	You	**se**	yourself
(**Nós**) **levantamo*-nos**	We	**nos**	ourselves
(**Eles/elas**) **levantam-se**	They	**se**	themselves
(**Vocês**) **levantam-se**	You (pl)	**se**	yourselves

*The **-s** of **levantamos** drops if followed by the reflexive pronoun **nos** > levantamo-nos.

Some verbs are *always* conjugated in the reflexive form whilst other verbs – see below – can be both reflexive and non-reflexive depending on the meaning.

a Some of the most common reflexive verbs are:

lembrar-se (de)	to remember
esquecer-se (de)	to forget
zangar-se (com)	to get angry
queixar-se (de)	to complain
apaixonar-se	to fall in love
ir-se embora	to go away

O pai zangou-se com o filho.
The father got angry with his son.

Queixava-se do preço de tudo.
He was complaining about the price of everything.

b The following verbs are most commonly used in the reflexive but
can also be used non-reflexively. For example:

chamar-se 'to call oneself':

Chama-se Paulo.   He is called Paulo. (His name is Paulo.)
chamar to call   **Eu chamei o médico.**   I called the doctor.

sentar-se 'to sit (oneself) down':

Maria sentou-se na cadeira.   Maria sat down on the chair.

sentar 'to sit':

Maria sentou a filha na cadeira.   Maria sat her daughter on the chair.

Other examples:

lavar-se	to wash oneself	**lavar**	to wash (the car)
acordar-se	to wake oneself up	**acordar**	to wake up (David)
vestir-se	to dress oneself	**vestir**	to dress (the baby)
amar-se	to love each other	**amar**	to love (TV)

2 Reflexive pronouns
As can be seen from the list of reflexive verbs above, reflexive
pronouns can be used:

a In reciprocal actions = 'each other/one another', i.e. where
subject and object act on each other:

Adoram-se   *They* love *each other*
Vimo-nos na exposição   *We* saw *each other* at the exhibition
Beijaram-se   *They* kissed *each other*
Falamo-nos   *We* spoke to *each other*

b In an *impersonal* sense, always using the reflexive pronoun **se**:

Fala-se inglês aqui.   English is spoken here.
Ensina-se datilografia.   Typing is taught.

c To avoid using the passive:

roupas são alugadas	> **alugam-se roupas**	> clothes for hire
morangos são	> **vendem-se**	> strawberries for
vendidos	**morangos**	sale

Note: here the verbs in both examples agree with the subjects **roupas** and **morangos**.

But

When a verb is followed by a preposition such as **de** or **a** the verb remains in the *singular*, even though the subject is in the plural:

Precisa-se <u>de</u> motoristas. > Drivers required.
Trata-se <u>de</u> doenças da pele. > Skin diseases treated.

3 Position of reflexive pronouns

a The grammatical rule for the position of reflexive pronouns is *following* the verb, joined to it with a hyphen. In Brazilian Portuguese, however, it is more common to place these pronouns *before* the verb in both the spoken and the written language:

Subject pronoun + Reflexive + verb   + Complement
                   pronoun
Eu   me   levanto   às dez da manhã.
I get up at 10 in the morning.

If you start the above sentence *without* a subject pronoun then the reflexive pronoun should *follow* the verb:

Levanto-*me* às dez da manhã.

However, in colloquial spoken language the pronoun is often placed *before* the verb, even if there is no subject pronoun:

Me **levanto às dez da manhã.**

b Reflexive pronouns are always placed *before* the verb when preceded by one of the following:

A question word

Quando se levanta?   When do you get up?

A negative

Não me acordei cedo hoje.   I didn't wake up early today.

A preposition (**de, para, por, em,** etc.)

Antes *de* me deitar, apaguei   Before lying down I switched
  a luz.   off the light.

That **que**

Disse *que* se sentia cansado.   He said that he felt tired.

An adverb such as **nunca, já, sempre, também**

Ele *sempre* se esquece das chaves.   He always forgets the keys.

A subject pronoun (**eu, tu, você, ele** etc.)

Nós nos divertimos na festa. We enjoyed ourselves at the party.

Exercise 6

Complete these sentences with the reflexive verbs in brackets then translate into English:

1 (She remembered) de trazer os documentos.
2 (We enjoyed ourselves) muito nas férias.
3 (I did not get up) até às 9 horas.
4 (Ester told me) que (she is going to meet) com a sua irmã amanhã.
5 (They always complain) do preço de tudo.

Exercise 7

Make sentences using the pronoun **se** in an impersonal sense following the example:

kitchenettes   vender   >   vendem-se kitchenettes

1 livros usados   comprar
2 inglês   falar
3 cheques   aceitar
4 ponto comercial   trespassar
5 barcos de passeio   alugar

Text 1  (CD1; 30)

*In Brazil, housing (**moradias**) ranges from basic apartments, to small farms (**sítios**) to smallholdings (**chácaras**) to mansions (**mansões**), with everything in between.*

Os flats são apartamentos residenciais com serviços de hotelaria incluídos na taxa mensal e têm sala e minicozinha. As kitchenettes são apartamentos pequenos divididos em sala, cozinha e banheiro. Parte da sala é utilizada como dormitório. Os apartamentos duplex são mais caros e sofisticados e em dois níveis. Os sobrados são residências em dois níveis, de dois ou mais dormitórios, fora do centro, convenientes para famílias.

Exercise 8

Listen to Text 1 and answer these questions in English:

1 How many types of housing can you identify?
2 How does a *sobrado* differ from a *kitchenette*?

Language point 4 ♦

The gerund

The gerund ('buy-*ing*', 'mov-*ing*') is formed by removing the -r from the end of any verb and adding **-ndo**:

alugar > alug*ando*   **vender > vend*endo***   **partir > part*indo***
to hire > hir*ing*   to sell > sell*ing*   to leave > leav*ing*

1 The gerund can be used along with auxiliary verbs **estar, andar, ir, vir** (in different tenses and with slightly different nuances) to express continuous action which is underway or in progress:

Ele está comendo.   He is eating.   = *in the process of* eating

Andamos procurando **uma solução para o problema.**
We have been looking for a solution to the problem.
= We have been looking *repeatedly* for a solution.

Aos poucos eu *fui descobrindo* **o segredo dela.**
Bit by bit I was discovering her secret.
= Progressive, more *lasting* action.

A noite *vai caindo* **de mansinho.**
Night was falling gently.
= Action unfolding *very gradually*.

Notes:
1 The progressive tenses above should not be used to translate English sentences which imply futurity. Instead use either the present indicative or the future:

Nós partimos a semana que vem. We are leaving next week.
or   Nós partiremos (future)

2   In English the '-ing' form can be used to express a noun. In Portuguese, the infinitive is used instead:

Comprar uma casa é caro.   *Buying* a house is expensive.

2   The gerund is used in many situations *without* the auxiliaries:

a   To express an action which is happening simultaneous to another action:

David chegou, cantando.   David arrived, singing.
Vendo o professor, a criança   Seeing the teacher, the child
   se levantou.   got up.
Sabendo que estava atrasada,   Knowing that she was late,
   ela correu.   she ran.

b   In narrative sentences:

A luz jorrando pelas janelas.   The light flooding through the
                                        windows.

c   In exclamations:

Ah! Lendo em vez de trabalhar!   Ah! Reading instead of working!

Exercise 9

Translate these sentences into English:

1   Estamos fazendo a mudança.
2   Carla está limpando a casa.
3   Ele estava procurando um apartamento.
4   Eles estão pagando as despesas do condomínio.
5   Estávamos alugando um barco para domingo.
6   Fechando a porta, eles saíram.
7   A menina caiu descendo as escadas.
8   Ela anda procurando um novo emprego.
9   Aos poucos, fomos colocando ordem no quarto.
10   O dia foi amanhecendo devagarinho.
11   Estávamos alugando um duplex.

Situation 2 ⏻🎧 (CD1; 32)

Diana emails her mother about her recent house move. She attaches a floor plan and descriptions of the rooms.

> Oi mãe,
>   Acabamos de fazer a mudança. Desde a sexta até hoje à tarde não paramos para descansar. Daqui até o metrô são apenas 5 minutos a pé e são 20 minutos de metrô até o escritório . . . Não é jóia?
>   Daqui a pouco vamos sair para alugar uma fantasia para a festa na escola da Aninha. Ontem andamos desde a praia até aqui e foram só 10 minutos de caminhada. Daqui em diante vamos economizar com transporte.
>   Venha logo nos visitar. Há uma loja de decoração a 20m do nosso prédio, você vai amar!
>   Beijos, Diana

Vocabulary ♦

acabamos de fazer a mudança	we have just moved house
não é jóia?	isn't it great?
fantasia (f)	fancy dress costume
daqui em diante	from now on
prédio (m)	building

Exercise 10

Listen to Situation 2 then answer these questions in English:

1 How far is Diana's place to the metro?
2 How long is the metro ride to the office?
3 What is she going to hire?
4 How far is the beach from her building?
5 What kind of savings are they going to make?
6 Is there anything in particular Diana's mother is going to love about her daughter's new address?

Planta do apartamento

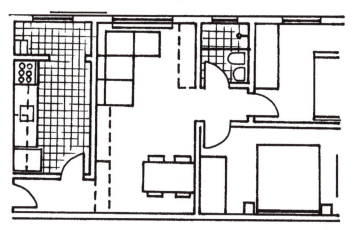

1 sala – 5,6m × 4,5m – bem espaçosa, piso de granito
2 quarto de casal – 3,80m × 4,50m – é maior do que o que tínhamos antes
3 quarto da Aninha – 3,80m × 3,80m – é menor mas o armário é ótimo
4 cozinha e área de serviço – 5m × 3m – completa e moderna e de bom tamanho
5 banheiro – pequeno mas a ducha é excelente

Vocabulary ♦

a sala tem/mede 4,5m × 5m	the lounge is/measures 4.5m × 5m
tamanho (m)	size
medidas (fp)	measurements
metro (m)	metre
metros quadrados (mp)	square metres
centímetro (m)	centimetre
largura (f)	length
altura (f)	height
comprimento (m)	width

Language point 5 ♦

1 Describing distances:

In Situation 2 Diana emails her mother saying:

Daqui até o metrô *são* apenas cinco minutos a pé.
From here to the metro it is only five minutes on foot.

and

São 20 minutos *de* metrô *até* o escritório.
It is twenty minutes from the metro to the office.

Another way of expressing distance is:

de . . . até . . . são/é . . .   from . . . to . . . it is . . .

Do prédio até o hospital é 1km.   From the building to the hospital it is
                                      1km.

Conveying distances using the preposition **a**:

Trabalho *a* 20m do banco.   I work 20 metres from the bank.

2 Describing spaces:

Use **ter** 'to have', or **medir** 'to measure'.
Diana describes her lounge as measuring 4.5m × 5m:

A sala *tem* 4,5m × 5m
or, a sala *mede* . . .

When reading measurements × = **por** *by*:

A sala tem 6 metros de largura por 4,5 de comprimento por
3,2 de altura.
The lounge is 6 metres long by 4.5 metres wide by 3.2 metres
high.

Exercise 11

1 Translate the descriptions of the rooms in Diana's new home.
2 Look at the plan again. What furniture (**os móveis** *or* **as mobílias**)
  does Diana have?

Language point 6 ◆

Expressing periods of time

In Situation 2 Diana says:

Desde a sexta *até* hoje à tarde não paramos para descansar.
From Friday *until* this afternoon we have not stopped to rest.

Similarly:

Desde as 4 até as 5 horas   From 4 to 5 o'clock
Desde ontem até hoje   From yesterday to today

Diana also says:

Daqui a pouco vamos sair.   In a little while we are going out.

Similarly:

Das 2 às 6 da tarde   From 2 to 6 pm
Daqui a poucos meses   In a few months' time

Exercise 12

Now translate these sentences into Portuguese:

1   In six months' time.
2   From here to the supermarket it's 3 minutes by car.
3   The school is 10 minutes on foot.
4   The bus runs from 4 till 8 pm.
5   I will meet you in a few minutes.
6   From now on I will visit you on Mondays.

Language point 7 ◆

Verbs followed by de or a

1   The verb **gostar** 'to like', is always followed by the preposition
de. It can be followed by an infinitive or a noun. Before an

infinitive *de* does not alter; before a noun *de* contracts with the article:

Gosto de morar em Copacabana.   I like living in Copacabana.
Gosto dos filmes brasileiros.   I like Brazilian films.

2   Other verbs such as **precisar** and **necessitar** to need, to necessitate require **de** before a noun but *not* before an infinitive:

Precisamos das bicicletas   We need the *bicycles* for tomorrow.
  para amanhã.
(**de + as**)
but
Preciso alugar uma fantasia.   I need *to hire* a fancy dress costume.

3   **Acabar de** plus infinitive translates the English 'to have just'.

Nós acabamos de chegar.   We *have just* arrived.
Ele acaba de fazer o teste.   He *has just* done the test.
Eu acabava de sair do prédio   I *had just* left the building when . . .
  quando . . .

When **acabar** is used on its own, meaning 'to finish' it is *not* followed by **de**:

O dia acabou.   The day is over.
Acabo o trabalho bem cedo.   I finish work really early.

4   Verbs followed by the preposition **a** (but only before an infinitive) include:

começar a   to begin   **Ela começou a aprender português.**
aprender a   to learn   **Aprendemos a conduzir o ano passado.**
ensinar a   to teach   **Ensina-se a jogar ténis.**
ajudar a   to help   **A mãe dela ajudou a arrumar a casa.**

Exercise 13

Translate these sentences into English or Portuguese:

a

1   Eu gosto dos CDs do Milton Nascimento.
2   Eles necessitam de dinheiro.
3   Preciso comprar um novo jeep.
4   Gostamos de ir ao Amazonas.

5 Acabei de fazer a reserva.
6 Acabamos cedo.

b

1 We like the building.
2 I'd like to rent a good DVD.
3 She teaches children to paint.
4 She started to read the classified ads.
5 We have just finished writing the book.
6 The girls finished the exercise.

Você sabia

The *Terminal Rodoviário Tietê* (Tietê Bus Station) is the biggest in South America and the second largest bus terminal in the world (New York is the largest). There are 65 bus companies, 135 ticket offices, 304 bus routes and the terminal is open 24 hours a day. Services include: 74 shops, health and social work centres, electronic bank terminals, 90 telephones, 6 escalators and 9 lifts. The 1,010 destinations include Chile, Paraguay, Argentina and Uruguay, with the longest trip being to Santiago in Chile, a journey lasting 58 hours!

5 Dias santos e feriados

In this unit you will learn about:

- religious and public holidays
- using **tudo** and **todo**
- holiday trips by car
- possessive adjectives and pronouns
- demonstrative adjectives and pronouns
- the preterite and the imperfect
- the present perfect
- nouns: gender and number

Situation 1 ⏾ (CD1; 35)

Two Brazilians talk about how they spend their public holidays (os feriados).

MÁRIO   Os feriados são alguns dias de folga para eu me descansar e divertir. Gosto de aproveitar bem todos os feriados a que tenho direito, tanto os nacionais quanto os municipais e por isto programo tudo com bastante antecedência.

JOANA   Tenho trabalhado muitos anos como telefonista e nunca trabalhei numa quinta-feira da Semana Santa que, agora por lei, é um dia útil. Geralmente a gente 'emenda' quando um feriado cai numa quinta-feira, ou seja, só voltamos a trabalhar na segunda. Eu adoro um feriado prolongado. Nesse feriadão de 7 de Setembro (Dia da Independência do Brasil) vou para a Serra de Itatiaia. Trabalho meio expediente nas vésperas do Natal e do Ano Novo. Temos normalmente 12 feriados nacionais sem contar as festas folclóricas.

Two of Brazil's most important holidays are celebrated on 12 October:

1 **O Dia da Nossa Senhora Aparecida** (Day of Our Lady Aparecida), Brazil's Patron Saint, is celebrated with a Mass broadcast to the nation from Basílica de Nossa Senhora Aparecida in the city of Aparecida in the state of São Paulo. The town has become a place of pilgrimage for millions.

2 **O Dia das Crianças** (Children's Day) is a major event in Brazil. There are lots of activities to attend – performances, picnics, etc., and children receive gifts. Find out more on http://www.portaldafamilia.org/datas/criancas/diansra.shtml

Typical Brazilian church: Paróquia Nossa Senhora do Rosário, Leopoldina, Minas Gerais

Vocabulary ♦

dias de folga (mp)	days off
gosto de aproveitar bem	I like to make the most of
a que tenho direito	which I deserve/is my right to have
com antecedência (f)	in advance
Semana Santa (f)	Holy Week
Páscoa (f)	Easter
dia útil (m)	week/work day
emendar	to put together/join
cai numa quinta	falls on a Thursday
feriadão = feriado prolongado (m)	long weekend/extended holiday
meio expediente (m)	half-day
vésperas (fpl)	eve (of a festival)
sem contar	not including

Exercise 1

a   Listen to Situation 1 then answer in English:

How does Mário describe the **feriados** and how does he make the most of them?

b   Decide if these statements are true or false. Re-write them in Portuguese, transforming any 'false' statements into 'true' ones.

1   Joana has been working as a telephonist. _____
2   She returns to work on a Tuesday if the holiday falls on a Friday. _____
3   She doesn't like long weekends. _____
4   She is going to spend the 7th of September holidays in the mountains. _____
5   She usually works on Christmas Eve but works half-day on New Year's Eve. _____

Exercise 2

How would you write these special days in Portuguese? When are they celebrated in your country?

Christmas   Thanksgiving   Independence Day
Mother's Day   Father's Day   Valentine's Day

Exercise 3

Check your dictionary for any words you don't know and then pick a few useful items to take with you on a summer holiday. Two items might be difficult to pack – what are they?

---

repelente de insetos   escova de dentes   revista   guarda-chuva
creme hidratante   mapa   protetor solar   sandálias havaianas
árvore   garrafa térmica   celular   câmera   toalha   maiô
creme antiséptico   óculos de sol   aquário   chapéu
binóculos botas

Language point 1 ♦

Tudo and todo

1 **Tudo** is an invariable pronoun and expresses an indeterminate amount: 'all', i.e. 'everything'.

Comi tudo.	I ate it all.
Guardamos tudo na mochila.	We put everything away in the rucksack.
Fizemos de tudo para ajudá-la.	We did everything to help her.

Tudo has an adjectival value when used in expressions with the demonstratives: **isto, isso, aquilo,** and in the expressions: **tudo o mais, tudo o que,** etc.

Tudo isso vai no porta-malas.	All this goes in the boot.
Tudo aquilo que eu falei é verdade.	All that I said is true.
Tudo o mais é sem importância.	All the rest of it is unimportant.

Tudo is never used with a noun.

Tudo is also used in expressions such as:

Tudo bem?	Is everything OK/How's things?
Entendi tudinho	I understood every single thing.

2 **Todo** is an adjectival pronoun and means: 'all', 'every'. It is variable and is never used before **isto, isso, aquilo.**

In the plural **todo** is always followed by the definite article: **todos os/todas as**, and it expresses 'all' or 'every':

Preenchemos todos os formulários.   We filled in all the forms.
Pagamos todas as tarifas de pedágio.   We paid all the toll tariffs.

In the singular, **todo o/toda a** expresses 'whole' or 'entire':

Viajei por todo o país.   I travelled through the whole country.
Comemos toda a macarronada.   We ate all (the whole of it) the pasta.

Without the article **todo/toda** expresses 'every':

Todo homem é mortal.   Every man is mortal.
Todo mês vamos a Piracicaba.   We go to Piracicaba every month.
Levanto-me cedo toda manhã.   I wake up early every morning.

Some useful expressions with **todo**:

Tenho três malas ao todo.   I have three suitcases altogether.
Todo mundo gosta de viajar.   Everyone enjoys travelling.
Todos gostam de um feriado.   Everyone enjoys a public holiday.

Exercise 4

Fill in the gaps with **tudo** or the correct form of **todo** then translate the sentences into English:

1 Há cerca de 300 pedágios em _____ o Brasil.
2 Já guardei _____ na mala.
3 Para alugar um carro, _____ os motoristas devem ter habilitação.
4 Na baixa estação, _____ as locadoras fazem promoções.
5 Trabalhamos a semana _____
6 Arranjei _____ os documentos através do consulado.
7 Servimos refeições _____ dia, _____ hora.
8 _____ mundo gosta de sair cedo para evitar os engarrafamentos.
9 Em _____ caso, é possível alugar o carro aqui e devolvê-lo em Porto Alegre.
10 Antes de _____ você deve economizar.

Situation 2 〔 ⁾⁾🕮 〕 (CD1; 38)

*A Traffic Director (**Diretor de Trânsito**) broadcasts travel recommen-dations for motorists driving to their holiday destinations.*

Exercise 5

a Match this vocabulary from the text.

1 revisão completa	_____ driver's licence
2 pedágios	_____ jack
3 chave de roda	_____ brakes
4 freios	_____ car documentation
5 ferramentas	_____ starting your journey
6 licenciamento do carro	_____ full service
7 macaco	_____ tolls
8 carteira de habilitação	_____ tools
9 pegar a estrada	_____ wheel wrench

1 Antes de pegar a estrada faça uma revisão completa no carro.
2 É bom colocar ar nos pneus e verificar se estão em boas condições.
3 Peça ao mecânico para checar a suspensão e os freios.
4 Verifique se tem as ferramentas como o macaco, a chave de roda e o triângulo no carro.
5 Não se esqueça de levar a sua documentação, carteira de habilitação, e licenciamento do carro, no caso da polícia rodoviária exigi-los.
6 Separe o dinheiro para pagar os pedágios.
7 Faça várias paradas para descansar.
8 Se você vai viajar com crianças, não se esqueça de levar água, revistinhas e joguinhos para entretê-las.
9 De preferência, saia mais cedo para evitar os conges-tionamentos . . . *e faça uma boa viagem!*

b Translate sentences 1, 2 and 3 into English.

c Vamos falar

Your friend is going on a long car trip. Give him the following advice in Portuguese before he sets off:

- Make various stops to rest
- Leave earlier to avoid heavy traffic
- Organize your money to pay for tolls
- Don't forget to take water

Find about about Brazil's roads on: SOS Estradas at www.estradas.com.br

Language point 2 ♦

Possessive adjectives and pronouns

Possessive adjectives: my, your, his, her, our, your (pl) their
Possessive pronouns: mine, yours, his, hers, ours, yours, theirs

Subject pronouns	Possessive adjectives/pronouns	
eu	meu, meus, minha, minhas	my/mine
tu	teu, teus, tua, tuas	your/yours
ele, ela, você (o senhor/a senhora)	seu, seus, sua, suas	his, her, your/his, hers, yours
nós	nosso, nossos, nossa, nossas	our/ours
vós	vosso, vossos, vossa, vossas	your/yours
eles, elas, vocês (os senhores/as senhoras)	seu, seus, sua, suas	their/theirs

Possessive adjectives and pronouns are variable and agree in gender and number with the thing possessed.

When placed before the noun they are called possessive *adjectives*. Possessive *pronouns* are those that replace the noun:

Possessive adjective	Possessive pronoun
(*Os*) *meus* óculos escuros	Os óculos escuros são (*os*) *meus.**
My sunglasses	The sunglasses are mine.

Notes:
1 * The article is optional before possessives.
2 Following numerals the article is omitted: **quatro primos** *meus* 'four cousins of mine'.
3 When ownership of something is in no doubt – family relationships, parts of the body – the article is used alone and the possessive adjective omitted: **chamei** *a mãe* 'I rang my mother'.

De + ele/ela/eles/elas of his/her/their

The above forms can substitute **o seu, os seus, a sua, as suas** to avoid confusion about who is being referred to:

(o) *seu* livro	'his/their book' becomes:	
	o livro *dele*	his book
	o livro *dela*	her book
(a) *sua* casa	'his/her house' becomes:	
	a casa *deles*	their house (*m*)
	a casa *delas*	their house (*f*)

Exercise 6

Translate these sentences using a possessive adjective or pronoun:

1 Are the magazines hers? No, they are ours.
2 Did you bring your thermos? No, but my boyfriend brought his.
3 Are the sandals yours? No, but the antiseptic cream is mine.
4 Can I borrow your raincoat? It is not mine. It is hers.
5 I forgot to bring my umbrella. Is this one yours? No, it's theirs.

Language point 3 ♦

Demonstrative adjectives and pronouns

Demonstrative adjectives and pronouns: this, that, these, those
   These agree in gender and number with the object they refer to.

Pronomes e adjetivos demonstrativos

	Masc.	Fem.	Neuter	
1st person	**Este, estes**	**Esta, estas**	**Isto**	(near the speaker)
2nd person	**Esse, esses**	**Essa, essas**	**Isso**	(near the addressee)
3rd person	**Aquele,** **aqueles**	**Aquela,** **aquelas**	**Aquilo**	(far from both)

Notes:
1 Prepositions **de** (of) and **em** (in) become **d** and **n** before a demonstrative:

   *d*este   *n*aquele

2 **a** 'to/at' only contracts with **aquele/s, aquela/s** and **aquilo**: **àquele/s, àquela/s, àquilo**

Contrações de pronomes e adjetivos demonstrativos

	Masculine	*Feminine*	*Masc. plural*	*Fem. plural*	*Neuter*
de + este	deste	desta	destes	destas	disto
de + esse	desse	dessa	desses	dessas	disso
de + aquele	daquele	daquela	daqueles	daquelas	daquilo
	Masculine	*Feminine*	*Masc. plural*	*Fem. plural*	*Neuter*
em + este	neste	nesta	nestes	nestas	nisto
em + esse	nesse	nessa	nesses	nessas	nisso
em + aquele	naquele	naquela	naqueles	naquelas	naquilo
a + aquele	àquele	àquela	àqueles	àquelas	àquilo

Exercise 7

Translate these sentences using a demonstrative adjective or pronoun:

1   This car is more spacious than that one.
2   These are my documents. Are those yours?
3   That rucksack is mine.
4   What is that there?
5   What is in this glove compartment?
6   On that road there are many accidents.
7   The folk dances come from this region.

Language point 4 ♦

The preterite and the imperfect

1   The preterite: to form remove the -ar, -er and -ir of any infinitive and add the endings:

-ar verbs: tom*ei*, tom*aste*, tom*ou*, tom*amos*, tom*aram*
-er verbs: beb*i*, beb*este*, beb*eu*, beb*emos*, beb*eram*
-ir verbs: part*i*, part*iste*, part*iu*, part*imos*, part*iram*

The preterite expresses a past event when nothing is present to say when it happened:

Levei o cachorrinho na viagem.   I took the little dog on the trip.
Eles *gostaram* muito da estância   They liked the spa a lot.
hidromineral.

Note: verbs **ir** and **ser** are exactly the same in the preterite.

Ela *foi* para Maceió.   She *went* to Maceió.
Ele *foi* guarda de trânsito.   He *was* a traffic warden.

2 The **imperfect**: to form remove the -ar, -er and -ir of any infinitive and add the endings:

> -ar verbs: tom*ava*, tom*avas*, tom*ava*, tom*ávamos*, tom*avam*
> -er verbs: beb*ia*, beb*ias*, beb*ia*, beb*íamos*, beb*iam*
> -ir verbs: part*ia*, part*ias*, part*ia*, part*íamos*, part*iam*

There are four irregular imperfect verbs:

pôr 'to put', **ser** 'to be', **ter** 'to have' and **vir** 'to come'.

> pôr   **punha, punhas, punha, púnhamos, punham**
> ser   **era, eras, era, éramos, eram**
> ter   **tinha, tinhas, tinha, tínhamos, tinham**
> vir   **vinha, vinhas, vinha, vínhamos, vinham**

The imperfect expresses:

a   An action that was going on in the past at the same time as another action.

> **A nossa mãe *trabalhava* enquanto nós brincávamos.**
> Our mother *worked* (was working) while we *played*.

b   A background action, or what was going on, when another action took place (**ação prolongada no passado**):

> ***Estudava* quando ele chegou.**
> I *was studying* when he arrived.

c   A habitual action in the past, equivalent to the English 'used to'.

> ***Viajávamos* de maria-fumaça até Tiradentes quando éramos jovens.**
> We *used to travel* by steam-train to Tiradentes when we were young.

Note: **costumar** plus infinitive also expresses 'used to':

Quando eu era jovem, *costumava passar* a Páscoa na fazenda.
When I was young I *used to spend* the Easter holidays at the farm.

d   A description of a mental, emotional or physical condition in the past.

Eu *sonhava* com uma boneca mas sempre me *davam* roupas.
I *dreamed* of a doll but they always *gave* me clothes.

Estava satisfeito com os resultados.
He *was happy* with the results.

A minha tia *era* muito magra.
My aunt *was* very thin.

e Time in the past.

Eram três horas da tarde.
It *was* three o'clock in the afternoon.

f Indirect speech in the past.

Ele disse que *vinha* à minha casa.
He said that *he was coming* to my house.

Situation 3 ꊉ (CD1; 41)

Lucas and some friends go camping.

Exercise 8

1 Fill in the gaps using verbs in the preterite or imperfect then listen
to the text (which is in full) on the CD.

Acampamento no Pico da Bandeira

Lucas _____ (comprar) uma barraca e _____ (convidar) alguns
amigos para acampar. Como esse ano a Páscoa _____ (cair)
em março, eles _____ (aproveitar) o feriadão e _____ (ir)
acampar no Parque Nacional do Caparaó.

 Eles _____ (sair) bem cedo e _____ (fazer) uma boa viagem.

 No primeiro dia, quando eles _____ (armar) a barraca e
_____ (separar) os equipamentos de camping, Bill _____
(telefonar) e _____ (dizer) que tinha alugado uma perua* e que
_____ (vir) se juntar a eles nas serras.

 No sábado, eles _____ (subir) o Pico da Bandeira quando
_____ (começar) a chover mas depois, o sol _____ (aparecer)
e eles _____ (tirar) fotos lindíssimas das serras!

* estate car.

2 Now translate the text into English.

> Pico da Bandeira, at just under 3000 metres, is the third highest mountain in Brazil. Bandeira means 'flag' and is thought to be so named because in 1859 D. Pedro II wanted the imperial flag to be placed on the highest point of the Serra do Caparaó.

Holidays in Brazil

Mês	Feriados	Public holidays
janeiro	Ano novo	New Year
fevereiro	Carnaval	Carnival
março/abril	Paixão de Cristo	Good Friday
abril	Tiradentes*	Tiradentes Day
maio	Dia do trabalho	Labour Day
junho	Corpus Christi	Feast of Corpus Christi
setembro	Independência do Brasil	Independence of Brazil
outubro	Nossa Senhora Aparecida	Our Lady Aparecida
novembro	Finados	Day of the Dead/All Souls Day
novembro	Proclamação da República	Proclamation of the Republic
dezembro	Natal	Christmas

*Find out about Tiradentes, one of Brazil's greatest heroes at: http://www.v-brazil.com/culture/historic-characters/tiradentes.html

Language point 5 ♦

Pretérito perfeito composto (Present perfect)

1 Formation: present indicative of the verb **ter** plus past participle:

tenho, tens, tem, temos, têm + falado/comido/vendido, etc.

Past participles are always *invariable* when used in compound tenses with verb **ter**. The past participle is formed by removing the infinitive ending and adding **-ado** for **-ar** verbs and **-ido** for **-er** + **-ir** verbs. Some past participles are irregular:

escrever	>*escrito*	(*not* **escrevido**)	to write/written
fazer	>*feito*	(*not* **fazido**)	to do, make/done, made
ver	>*visto*	(*not* **vido**)	to see/seen
dizer	>*dito*	(*not* **dizido**)	to say/said

2 Meaning: The *pretérito perfeito composto* expresses an action or state which started in the past and which continues up until the present time. It may or may not continue into the future.

> *Temos visto muitos filmes.*
> *We have been watching* a lot of films (i.e. *lately* – and we may continue to watch more).

> *Não me tenho sentido bem.*
> *I have not been feeling* well (i.e. *recently* – and may continue to feel unwell).

It is not always possible to translate a sentence using the *pretérito perfeito composto* using the English: '*has been . . . ing*'. For example:

Neste século *temos tido* muitas guerras.	In this century we *have had* many wars.
Não a *tenho visto* desde ontem.	I *have not seen* her since yesterday.

Exercise 9

Complete these sentences by changing the verbs in brackets to the pretérito perfeito composto:

1 Eu (dormir) mal.
2 Nós (viajar) pouco.
3 Você (visitar) os seus avós.
4 Eles (comer) naquele restaurante.
5 Ela (caminhar) todas as manhãs.
6 Eles (ler) muito.
7 Nós (sair) todas as noites.
8 Eu sei que tu (estudar) para as provas.

Language point 6 ♦

Nouns

1 Forming feminine singular nouns from masculine nouns

Ending in	In feminine add	Masculine	Feminine
o	a	tio	tia
e	a	mestre	mestra
s, z	a	freguês	freguesa
		juiz	juíza
or	ora	doutor	doutora
	eira	lavador	lavadeira
dor		imperador	imperatriz
tor	triz	ator	atriz
eu	eia	pigmeu	pigméia
aõ	ã	cidadão	cidadã
	ona	folião	foliona
	oa	patrão	patroa
	ana	sultão	sultana

Some nouns do not follow the rules above. See Grammar reference.

2 Forming plurals

Singular ends in		Singular	Plural
vowel	Add -s	carro	carros
ãe or eu	Add -s	mãe	mães
aõ	Change to -ões	leão	leões
	-ães	cão	cães
	-ãos	irmão	irmãos
m	Change to -ns	viagem	viagens
n, r, z	Add -es	cânon	cânones
		dólar	dólares
		juiz	juízes
s	Last syllable stressed + es	país	países
	Last syllable unstressed – no change	lápis	lápis
al, ol, ul	Change -l to -is	capital	capitais
		farol	faróis
		paul	pauis
il	Last syllable stressed change -l to -is	barril	barris
	Last syllable unstressed change -il to -eis	réptil	répteis

Exercise 10

1 Fill in the missing masculine or feminine forms:

Masculine	Feminine
	professora
campeão	
pastor	
	embaixatriz
camponês	
	torcedora
cirurgião	
	vendedora
	esposa
namorado	

2 Fill in the missing singular or plural forms:

Singular	Plural
liquidação	
campeão	
anel	
	hotéis
trabalhador	
	mares
jardim	
jornal	
	amigas
festival	

Carnaval de rua

Você sabia?

The *Carnaval do Rio* attracts thousands of spectators who come to the Sambódromo to watch the Samba schools' (*escolas de Samba*) dazzling parade (*o desfile*) of floats (*carros alegóricos*) and dancers dressed in exuberant and colourful costumes (*as fantasias*). *Carnaval* is celebrated all over Brazil but two of the most impressive take place in Recife and Salvador. Brazilians dance everywhere during *Carnaval*: indoors, in clubs or in the streets (*Carnaval de Salão/de Rua*). See the section on *Carnaval* in *Brazil* (Lonely Planet).

6 Saúde e nutrição

In this unit you will learn about:

▶ health issues
▶ relative pronouns
▶ adjectives – agreement and position
▶ the pluperfect
▶ using the imperative (2)
▶ adverbs
▶ time expressions

Text 1 [🎧] (CD1; 44)

The Brazilian government has set up various innovative programmes to help improve healthcare.

Exercise 1

Listen to, then read Text 1 and answer these questions in English:

1 Through SUS, people in Brazil have access to consultations, examinations and what other two services?
2 What three programmes are mentioned in the text?
3 What is the objective of a Farmácia Popular?
4 Finish translating this sentence from the text: Health, food, education and social care are _____ _____ _____.

O Sistema Único de Saúde (SUS) é o sistema brasileiro através do qual todos os brasileiros têm direito a consultas, exames, internações e tratamentos hospitalares.

O governo brasileiro promove vários programas e projetos como a Farmácia Popular, um programa cujo objetivo é ampliar o acesso da população aos medicamentos essenciais, vendendo-os a baixo custo. O Brasil Sorridente, para o qual já foram investidos mais de R$1 bilhão, é outro exemplo de programa cuja finalidade é a melhoria das condições de saúde bucal da população brasileira.

O Bolsa Família, o qual concede benefícios em dinheiro para as famílias mais necessitadas, é o mais ambicioso programa do Ministério da Saúde que dá acesso aos direitos sociais básicos – saúde, alimentação, educação e assistência social.

Vocabulary ◆

ampliar	to widen
sorridente	smiling
bucal	oral
direitos sociais (mp)	social rights

Language point 1 ◆

Relative pronouns

1   Invariable relative pronouns:

que: 'who', 'whom', 'which', 'that' – is the most common relative pronoun and refers to people, things and places.

A família *que* recebeu o benefício mora numa área muito pobre.
The family *who* received the benefit live in a very poor area.

quem: *who* (this is usually preceded by a preposition – **a, de, com, para**).

O ministro *com quem* falamos ontem é muito competente.
The minister *with whom* we spoke yesterday is very competent.

onde: 'where'

A cidade *onde* fomos ontem é muito carente.
The city *where* we went yesterday is very deprived.

2 Variable relative pronouns

Preceded by	Singular		Plural		
	Masculine	Feminine	Masculine	Feminine	
people or	o qual	a qual	os quais	as quais	who, whom, which, that
things	cujo	cuja	cujos	cujas	whose, of whom, of which

Notes:
o qual (and its various forms) is usually preceded by a preposition:

Estes são os programas *dos quais* lhe falei.
These are the programs I spoke to you about (of which I spoke).

Este projeto *cujo* objetivo é ajudar os idosos, começou há dois anos.
This project, the object *of which* is to help the elderly, started two years ago.

Exercise 2

a Fill in the gaps with **que, quem** or **onde.**

1 O hospital _____ fiquei era muito bom.
2 Com o dinheiro do Bolsa Família _____ recebi comprei alimentos.
3 O ministro com _____ tivemos a entrevista é do Pará.
4 Os remédios _____ você precisa serão pagos pelo governo.

b Fill in the gaps with **cujo(s), cuja(s)**:

1 O homem _____ terno é azul, é o Ministro da Saúde.
2 O programa de saúde _____objetivos são combater a fome e a miséria, é o Bolsa Família.
3 O hospital, _____ vacinas foram desenvolvidas no Instituto Oswaldo Cruz, atenderá vinte mil pacientes.
4 A senhora, _____ consulta foi cancelada, voltará amanhã.

c Fill in the gaps with **o qual, os quais, a qual, as quais**, preceded if necessary by a preposition:

1 As contribuições _____ te falei, foram pagas pelas indústrias.
2 Os programas, _____ serão feitos empréstimos, são excelentes.
3 O projeto _____ trabalhamos tanto foi assinado ontem.

4 Uma jovem estudante é a paciente _____ o sangue foi doado.

5 A vacina contra o rotavírus, _____ afeta crianças no mundo inteiro, será fabricada no Instituto Butantan.

d Re-read Text 1 and underline all the relative pronouns you can find.

Text 2 ◗◗👂 (CD1; 46)

The Brazilian tropical fruit **açaí** *has become well known all over the world for its amazing medicinal properties.*

O açaí

Fruta ácida e pequena de cor violeta, o açaí é extraído de uma palmeira que cresce na Amazônia e sua polpa é consumida em todo o Brasil em forma de suco ou sorvete.

Rico em proteínas, vitamina E, fibras, cálcio e ferro, estudos realizados pela Universidade da Flórida comprovaram seu potencial anticancerígeno. O resultado da pesquisa indicou que os extratos dessa frutinha são capazes de estimular a destruição de mais de 80 por cento das células de leucemia.

polpa (f) pulp/flesh

Exercise 3

a Read Text 2, listen to the recording, then answer these questions in English:

1 Where does the açaí fruit grow and how is it consumed in Brazil?

2 What nutritional value does the açaí fruit have?

For the names of vegetables and fruits in Portuguese go to: http://www.5aodia.com.br/ and click on Tabela de Cores.

b Translate Text 2 into English.

Language point 2 ◆

Adjectives

Adjectives agree in gender and number with the noun they qualify:

o açaí > **energético e rico** (m)
a fruta > **pequenina e ácida** (f)
a cor > **arroxeada e negra** (f)
as frutas > **saborosas** (fpl)

1   Forming feminine adjectives

Masculine adjective ending in

-o, -es, -u, -or: add **-a**	**escuro > escura/francês > francesa**
-eu: replace this with **-éia**	**europeu > européia**
-aõ: replace this with **-ã**, or **-ona**	**alemão > alemã/comilão > comilona**
-a, -e, -er, -l, -m, -s, -z: don't change	**capaz > capaz**

Exceptions: **espanhol > espanhola; andaluz > andaluza; bom > boa; mau > má**

Compound adjectives in the feminine – as a general rule, only the *second* element takes the feminine form:

> **Ele é luso-brasileiro.**
> **Ela é luso-brasileira.**

Some adjectives ending in **-or** remain the same in both masculine and feminine:

> **pior, melhor, maior, menor   a maior cidade/o maior rio**

In a sentence with *both* masculine and feminine nouns, the adjective/s will agree with the *masculine* noun/s:

> **Um médico e uma nutricionista brasileiros**

2   Forming plural adjectives

Adjectives ending in:

	Singular	Plural
vowel: add **-s**	**ácida**	> **ácidas**
-r, **-s** or **-z**: add **-es**	**capaz**	> **capazes**
-ão: become **-ões**	**comilão**	> **comilões**
-m: become **-ns**	**comum**	> **comuns**
-al, **-el**, **-ol**, **-ul**: become **-ais**, **-eis**, **-ois**, **-uis**	**dental**	> **dentais**
-il: last syllable stressed change **-il** to **-is**	**infantil**	> **infantis**
last syllable unstressed change **-il** to **-eis**	**fácil**	> **fáceis**

Exceptions:

a) Some adjectives ending in -s are the *same* in the singular and plural:

A casa simples   **As casas simples**

b) Some adjectives ending in -ão become -ães in the plural:

Este homen é alemão.   Estes homens são alemães.

c) A few adjectives can have more than one ending in the plural:

ancião (old) > **anciãos** *or* **anciões** *or* **anciãs**

3 Compound adjectives – many take the plural form in the *second* element only:

Olhos castanho-escuros   Dark brown eyes

When the last element is a *noun* there is no change:

Toalhas *verde-garrafa*   Bottle-green towels

4 Position and agreement of adjectives

They usually *follow* the noun: **as frutas *docinhas***

The superlatives **o melhor, o pior, o maior, o menor** *precede* the noun:

O *pior* ingrediente é a   The worst ingredient is saturated fat.
  gordura saturada.

Some adjectives, for example: **muito, bom, pequeno,** are more often found *before* the noun. Placing an adjective that usually follows the noun *before* it can alter the meaning:

Um homem pobre   **Um pobre homem**
A poor man (with little money)   A poor man (who is to be pitied)

Exercise 4

1 Fill in the missing masculine or feminine forms:

Masculine	Feminine
exótico	
	luso-brasileira
ácido	
orgânico	
	equilibrada
	emagrecedora
bom	
português	

2 Fill in the missing singular or plural forms:

Singular	Plural
	latino-americanos
veloz	
tropical	
	portugueses
	férteis
caloria	
saudável	
emagrecedor	

Text 3 🔊 (CD1; 48)

George talks about the Brazilian diet, juice bars and the delights of fresh produce.

Exercise 5

a Read Text 3, listen to the recording, then answer these questions in English:

1 What are *pratos salgados e sobremesas*?
2 What does George recommend the *feira* for?
3 What type of bar did George visit in Copacabana?

Acho que a dieta dos brasileiros é muito saudável. No Brasil há lanchonetes e restaurantes de comida a quilo que servem uma variedade de pratos salgados e sobremesas. O melhor lugar para comprar frutas e legumes frescos é na feira onde você pode tomar caldo de cana com limão e comer pastéis de frango deliciosos.

Quando estávamos em Copacabana fomos a uma casa de suco cuja decoração era feita com as próprias frutas que ficavam penduradas acima do balcão. Quando chegamos lá, os garçons já tinham servido centenas de sucos naturais mas o bar ainda estava cheio de fregueses. Nesses bares, você escolhe a combinação de frutas exóticas para a sua vitamina, cuja seleção inclui goiabas, mamão, abacaxis, abacates, cajus e maracujás. Pedi uma 'vitamina' de acerola e manga que a minha amiga Suzy tinha recomendado. Estava uma delícia!

Vocabulary ♦

lanchonetes (fp)	snack bars
caldo de cana (m) **/ garapa** (f)	sugar-cane juice
pastéis de frango (mp)	chicken samosas
penduradas	hanging
fregueses (mp)	customers
vitamina (f)	fruit crush
goiabas (fp)	guavas
mamão (ms)	papaya
abacaxis (mp)	pineapples
abacates (mp)	avocados
cajus (mp)	cashew fruit
maracujás (mp)	passion fruit
acerola (f)	cherry-like fruit

b   Using Text 3 as a guide, translate these sentences into Portuguese:

1   My diet is very healthy too.
2   I asked for a delicious fruit crush in a snack bar in the town centre.
3   Restaurants that sell food by the kilo in Brazil are very popular.
4   We buy fresh fruit and vegetables at the market every week.
5   This juice bar sells the best chicken samosas.
6   Confeitaria Colombo in Rio serves the best desserts.

Language point 3 ♦

Pluperfect

The pluperfect: 'we had left/eaten', etc. is a compound tense composed of the imperfect indicative of **ter** plus past participle:

*Imperfect indicative of **ter*** *Past participles*
tinha, tinhas, tinha, tínhamos, tinham + **falado/comido/vendido**

In Text 3, paragraph 2, you will see two examples of the pluperfect:

Quando chegamos lá, os garçons já *tinham servido* centenas de sucos naturais.
When we arrived there, the waiters *had* already *served* hundreds of natural juices.

Pedi uma 'vitamina' de acerola e manga que a minha amiga Suzy tinha recomendado.
I asked for a mango and acerola juice that my friend Suzy *had recommended.*

The past participle is always invariable.

Note: The simple pluperfect, ending in **-ra** exists but it is rarely used in colloquial, spoken Portuguese.

Exercise 6

Translate these sentences into Portuguese:

1 José had asked for a guava and avocado 'vitamina'.
2 We had eaten all the grilled chicken when Suzy arrived.
3 She had bought so many exotic fruits that she couldn't carry them.
4 Paul had already tasted açaí at the gym.
5 Joana had suggested seeing the film.
6 They had drunk all the juice.

Dialogue 1 🔈👂 (CD1; 51)

*Mara has been complaining about a series of illnesses lately so she goes back to see Dr Prado at his surgery (o **consultório**).*

MARA   Estou fazendo fisioterapia e tenho tomado diariamente os antiinflamatórios que o senhor prescreveu para o LER. As dores musculares não melhoraram e não consigo me

concentrar. Tenho insônia e às vezes fico deprimida . . . e como se isso não bastasse, tudo o que como me faz mal. Será que estou com gastrite, doutor?

DR PRADO A sua pressão está um pouco alta Mara. Eu recomendo uma dieta de baixa caloria. Continue com os remédios e a fisioterapia e inclua caminhadas. Leia esse programa de controle de estresse. Siga as orientações do livreto e, se os sintomas não melhorarem dentro de 3 semanas, volte ao consultório.

Vocabulary ♦

LER (Lesões por Esforços Repetitivos)	repetitive strain injury
dores musculares (fp)	muscle pains
como se isso não bastasse	as if that wasn't enough
tudo o que como	everything that I eat
pressão (sanguínea) (f)	blood pressure
livreto (m)	booklet

Exercise 7

Listen to Dialogue 1 and answer in English:

1 What kind of medication is Mara taking on a daily basis?
2 What does Mara say about her muscle pains?
3 What does Dr Prado say about Mara's blood pressure and what does he recommend?

There are 3,500 gyms (**academias de ginástica**) in São Paulo alone. For many young people in Brazil, excessive exercise has become an addiction. Treadmills (**esteira**), bodybuilding (**musculação**) and power jumping (**saltos em cama elástica**) are all popular.

Language point 4 ♦

Using the imperative (2)

Revise Unit 1 on how to form the imperative of regular and irregular verbs.

We learned in Unit 1 that the imperative is used for commands, instructions or advice. In Dialogue 1 Dr Prado uses the imperative to give recommendations and advice to Mara:

continue **com os remédios** . . .	continue with the medication
inclua **caminhadas** . . .	include walks . . .
leia . . .	read . . .
siga . . .	follow . . .
volte . . .	come back . . .

Notes:

1 For the imperative forms of **ter** and **vir** the -ns ending of the second person singular in the present indicative changes to an **m**:

Present indicative	Imperative
tu te**ns**	te**m** tu!
tu ve**ns**	ve**m** tu!

2 The English expression 'let's (eat)!' is equivalent to the command form for **nós**:

Brindemos os noivos! Let's toast the bride and groom!
Abramos as janelas! Let's open the windows!

3 Sometimes the infinitive is used in place of the imperative:

Infinitive	Imperative	
Não *pise* na grama.	> Não *pisar* na grama.	Don't tread on the grass.
Não *fume*.	> Não *fumar*.	No smoking.
Não *estacione* aqui.	> Não *estacionar*.	No parking.

Exercise 8

How would you give these recommendations in Portuguese?

1 Continue	(nós)	with the physiotherapy
2 Include	(você)	supplements in your diet
3 Buy	(tu)	more fruit and eggs
4 Read	(vocês)	all the information
5 Follow	(nós)	the doctor's advice
6 Come back	(você)	tomorrow after six
7 Eat	(tu)	only vegetarian food

Exercise 9

Translate the recipe to find out how to prepare a delicious Brazilian drink

Receita de Caipirinha

Ingredientes
1 limão galego médio, 2 colheres de açúcar, cachaça, gelo

Modo de preparo
Corte o limão em pedaços e adicione o açúcar. Soque até misturar o suco do limão com o açúcar. Adicione o gelo e a cachaça . . . e beba!

lime = **limão galego**
lemon = any **limão**

Exercise 10

Vamos falar

Play the role of a TV chef giving a recipe for fruit salad.

Give instructions using these verbs in the imperative: **descascar, cortar, acrescentar, misturar, comer**

You can add these useful expressions to extend your instructions:

(cut)	**em rodelas**	into slices
	em cubos	into cubes
(add)	**uma colher de**	a spoonful of . . .

Language point 5 ♦

Adverbs

Diariamente 'daily', **sempre** 'always', **pouco** 'little' used in Dialogue 1 are examples of adverbs. These are invariable and they modify:

a verb	**Chegamos *cedo* para o almoço.**	We arrived *early* for lunch.
an adjective	**Ela é *muito* simpática.**	She is *very* pleasant.
another adverb	**Caminhamos *bem* devagar.**	We walked *quite* slowly.

Adverbs express:

Lugar	Aí, ali, aqui, lá, longe, perto, antes, acima, abaixo
Tempo	Agora, cedo, tarde, depois, amanhã, ontem, hoje, sempre
Modo	Assim, depressa, devagar
Intensidade	Bastante, demasiado, tanto, muito, pouco
Afirmação	Já, sim, decerto, certamente
Negação	Não, nem, nunca, jamais, tampouco
Dúvida	Talvez, acaso, quiçá
Inclusão	Até, também
Exclusão	Senão, apenas, somente

Interrogativos

de lugar	*Onde* é a clínica?
de tempo	*Quando* vamos à clínica?
de modo	*Como* chegar até lá?
de causa	*Por que* você não vai de carro?

Many adverbs are formed by the addition of **-mente** to any adjective. For masculine adjectives ending in **-o**, change to the feminine form **-a** before adding **-mente**:

exclusivo	**exclusiva-*mente***	exclusive	exclusively
imediato	**imediata-*mente***	immediate	immediately

Adverbs which do *not* end in **-o**, simply add **-mente**:

geral	geral*mente*	general	generally
livre	**livre*mente***	free	freely

If two or more adverbs ending in -mente are used together in a sentence, only the final adverb will take the -mente ending. The other adverbs take the *feminine* form as above:

> **Ele falou sincera, clara e**   He spoke sincerely, clearly
> **resolutamente.**   and resolutely.

Exercise 11

Find the Portuguese equivalent of these adverbs. You may need to look some of them up in your dictionary:

> 1 recently   2 over there   3 already   4 usually   5 never
> 6 above   7 very   8 inside   9 daily   10 always   11 little

Exercise 12

Fill in the missing adjectives or adverbs. The first one has been done for you:

Adjective	*Adverb*
calmo	*calmamente*
	naturalmente
honesto	
	imediatamente
rápido	
breve	
freqüente	
	sinceramente
	elegantemente
	atenciosamente
inocente	
habitual	
	profundamente
raro	
	vulgarmente

Language point 6 ♦

Time expressions

de manhã   during the morning
das 7 às 8   from 7 to 8

aos sábados   on Saturdays
às nove horas   at nine o'clock
à tarde   in (during) the afternoon
à noite   at night/during the evening

Note: you *never* say: *à* **manhã**

Exercise 13

Vamos falar

Using the time expressions above, list what you are doing tomorrow and when.

For example:

Amanhã de manhã às dez horas vou ao supermercado. Depois . . .

Você sabia?

After the USA, Brazil is the second most popular country in the world for cosmetic surgery operations, with around 500,000 people undergoing some form of procedure there each year. The other side of the coin is that many Brazilians cannot afford really essential remedial cosmetic surgery. To remedy this, Dr Ivo Pitanguy, an internationally known Brazilian cosmetic surgeon, has set up a charitable surgical centre which provides free treatment for those on a low income. Since 1975, more than 50,000 people have undergone reconstructive surgery.

http://www.pitanguy.com

7   Educação e cultura

In this unit you will learn about

▶ the **vestibular** and the educational system
▶ augmentatives and diminutives
▶ comparatives and superlatives of adjectives
▶ Samba and Bossa Nova
▶ **há** and **a**
▶ the arts
▶ the future perfect

Dialogue 1   🔊 (CD2; 1)

*Ana is interviewing Elder about the Brazilian university entrance exam, the **vestibular**.*

Exercise 1

a   Listen to the interview then answer these questions in English:

1   Why is Elder not in favour of the vestibular?
2   Can he suggest a better system?
3   Is the vestibular the same for all universities?
4   How does Elder describe the format of the vestibular at his university?

Elder Batista, 20 anos, de Juiz de Fora, estudante de ciências biológicas

ANA   Elder, você é contra ou a favor do vestibular?
ELDER Eu sou contra, pois é uma fase que o aluno passa por uma pressão muito grande, numa idade em que não consegue

responder adequadamente a essa pressão. Apesar disso, não percebo uma outra forma de avaliação melhor que essa.

ANA   Como são realizadas as provas do vestibular?

ELDER   Cada universidade tem uma metodologia de provas, algumas permitem que se façam as provas em diversas cidades, outras não. Na UFJF* por exemplo, são quatro provas fechadas (múltipla escolha) divididas em quatro dias. Os candidatos têm que conseguir uma nota mínima para se classificar para a segunda fase que possui duas provas abertas.

*UFJF Universidade Federal de Juiz de Fora

Vocabulary ◆

faculdade (f)	faculty
consegue	manage
avaliação (f)	assessment
provas fechadas/abertas (fp)	closed/open exams
múltipla escolha	multiple choice
nota mínima (f)	minimum mark/grade
possui	has (vb: **possuir**)

Dialogue 2   ⑴🖐   (CD2; 3)

*Now Ana interviews Flávia about the **vestibular**.*

b   Listen to the interview then answer these questions in English:

1   Why did Flávia not manage to finish any of the preparatory courses?

2   Which preparatory course does she say was the best and why?

3   What does Flávia say about independent study?

4   How is Flávia enjoying university life and what took place during freshers' week?

Flávia de Holanda, 19 anos, de Recife, estudante de ciências contábeis

ANA   Flávia, qual foi o cursinho preparatório para vestibular que você fez?

FLÁVIA   Fiz vários cursinhos. Foram todos muito caros e por isso nunca cheguei a terminar nenhum deles. Na minha opinião o melhor de todos foi o Anglo porque incluiu apostilas que me ajudaram bastante. Na verdade, o que me ajudou mesmo foi estudar sozinha. Todas os dias de manhãzinha, por um ano, eu fui para a biblioteca de uma das universidades de Recife perto da minha casa e estudei as matérias para o vestibular.

ANA   Você foi aprovada?

FLÁVIA   Claro. O vestibular foi difícil mas passei com um resultado excelente!

ANA   Flávia, este é o seu primeiro ano na universidade. Você está gostando da vida universitária?

FLÁVIA   Estou adorando porque fiz novos amigos e a semana dos calouros foi muito legal. Tivemos uma semana de palestras e seminários muito interessantes e o programa social foi fantástico!

Vocabulary ◆

o Anglo	preparatory vestibular course provider
apostilas (fp)	course material
matérias (fp)	subjects
aprovar/passar	to pass
reprovar/bombar	to fail
palestras (fp)	speeches/talks
semana dos calouros (f)	freshers' week

Exercise 2

Now translate these sentences into Portuguese:

1   He prefers to study alone.
2   I studied at the university library every morning.
3   Did your son fail the exams? No, he passed them all with excellent marks.

4 Are you for or against the vestibular?
5 Flávia is a student at the University of Recife. She studies accountancy.
6 She celebrated the end of freshers' week with her friends in a club in Recife town centre.

O sistema educacional brasileiro

Brazil has 57 million students at all levels of education, from **Educação Básica** to **Educação Superior**.

Etapas		Duração	Idade
• Educação infantil	a) Creche	3 a 4 anos	0 a 3 anos
	b) Pré-escola	2 ou 3 anos	4 a 5/6 anos
• Ensino fundamental		8 ou 9 anos	6/7 aos 14 anos
• Ensino médio		3 anos	15 aos 17 anos

All higher education – **educação superior** – requires students to pass a college/university entrance exam called the **vestibular**. Students take graduation courses – **cursos de graduação** of 4–6 years leading to the **Bacharelado** or **Licenciatura**. At postgraduate level you can study for a Masters degree – **Mestrado** 2–4 years or a Doctorate – **Doutorado** 4–6 years.

Cursos a distância are popular ways of learning and initiatives like **os Programas de Educação de Jovens e Adultos** (Youth and Adult Education Programmes) and **Educação nas Escolas do Campo** (Education in Rural Schools) try to encourage learning (**estimular a aprendizagem**) and reduce illiteracy (**reduzir o analfabetismo**), which affects around 16 million. All of Brazil's educational programmes (**programas educativos**) are in line with UNESCO's **Educação para Todos** which includes the vulnerable and needy (**os carentes**) all over the world.

Information on student exchange programmes: www.ci.com.br

Language point 1 ♦

Augmentatives and diminutives

1 Diminutives: there are many endings to express the diminutive but the main ones are: **-inho/a, zinho/a,** and **-zito/a.** They indicate smallness, insignificance, cuteness, pity or affection:

um curso	**um curs*inho***	a short/little course
a manhã	**a manhã*zinha***	the early morning
a flor	**a flor*zita*** *	the little flower

*or a flor*zinha*

2 Augmentatives: these make something larger or greater, or can express disdain. A few endings are: **-ão, -aço, -ona, -orra, -ança, -eirão, -arrão, -arra.**

uma sala	**um sal*ão****	a large room
um gol	**um gol*aço***	a great goal
uma mulher	**uma mulher*ona***	a big woman
uma cabeça	**uma cabeç*orra***	a big head
uma festa	**uma fest*ança***	a big party

* Note: some feminine nouns will change to masculine when in the augmentative.

Exercise 3

Translate these sentences into Portuguese giving either the diminutive or augmentative of the words in italics:

1 Yesterday we sat *a short exam* in English.
2 She always taught in *the small classroom.*
3 I don't have space to keep this *large book.*
4 They bought *a big house* in the city.
5 I was born in *a small city* near Goiânia.
6 We celebrated her birthday at *a small bar.*

Language point 2 ♦

Comparatives and superlatives of adjectives

See Unit 2 for further information

Degree of adjective		
Esta apostila é inter*essante*	Normal	
	Comparativo	
Esta apostila é *mais* interessante *que* aquela	Superioridade	
tão interessante *como* aquela	Igualdade	
menos interessante *que* aquela	Inferioridade	
	Superlativo	
		Relativo
Esta apostila é *a mais* interessante do cursinho	Superioridade	
a menos interessante do cursinho	Inferioridade	
		Absoluto
Esta apostila é *muito interessante*	Analítico	
interessantíssima	Sintético	

The absolute superlative expresses the English 'the most/very/really/extremely' and is formed by removing the last vowel of an adjective and adding the suffixes: íssimo/a/os/as:

A minha namorada é simpatic*íssima*. My girlfriend is extremely nice.
As suas respostas estão corret*íssimas*. Your answers are absolutely correct.
Os meus primos são estudios*íssimos*. My cousins are extremely studious.

Some superlatives have a slightly different form:

difícil	**dificílimo**
pobre	**paupérrimo**
nobre	**nobilíssimo**
feroz	**ferocíssimo**
amável	**amabilíssimo**
rico	**riquíssimo**

Some adjectives have an irregular form in the absolute superlative. Examples:

Adjective	Regular superlative	Absolute superlative
bom	**boníssimo**	**ótimo**
mau	**malíssimo**	**péssimo**
grande	**grandíssimo**	**máximo**

The absolute superlative can also be formed with the adverb **muito** placed before the adjective:

Os meus primos são *muito estudiosos*. My cousins are very studious.
Os exames são *muito difíceis*. The exams are very difficult.

Exercise 4

Fill in the gaps with either the comparative or superlative forms of the adjectives in brackets:

1 O professor disse que esta _____ é _____ do que aquela. (university/nearer)
2 Acho que este _____ é _____ quanto aquele. (exam/as easy as)
3 Na minha opinião esta _____ é _____ (subject/really difficult)
4 Eles disseram que _____ é_____ _____ do que inglês. (biology/less interesting)
5 Neste país o _____ _____ é _____ (educational system/great)
6 Nessa situação a sua atitude foi _____ (absolutely correct)
7 Os críticos disseram que este filme é _____ (awful)

Text 1 🔊 (CD2; 5)

Samba and Bossa Nova are two of the most popular music styles in Brazil.

Exercise 5

Listen to the recording then answer these questions in English:

1 How did Samba originate?
2 What is Samba carioca like?

3 What characterizes Samba paulista?
4 How does Bossa Nova differ from Samba?

O Brasil é um país essencialmente musical cujos sons e ritmos refletem as raízes do povo. O samba nasceu da mistura dos ritmos trazidos pelos escravos africanos e o estilo musical dos europeus.

Tocado com instrumentos de percussão e acompanhado por pandeiro, viola e cavaquinho, esse ritmo evoluiu e hoje apresenta estilos diferentes. O Samba baiano, por exemplo, tem letra simples e ritmo repetitivo. O Samba carioca está ligado à vida nos morros e fala das dificuldades da vida, muitas vezes com uma dose de humor. Já o Samba paulista apresenta letra mais elaborada e retrata a vida urbana.

Outro ritmo brasileiro, popular não só no Brasil como no exterior, é a Bossa Nova que é a mistura do Samba com o jazz. Começou entre um grupo de músicos da classe média que introduziram técnicas modernas e sofisticadas ao Samba tradicional e também incluíram o piano e o violão nas composições.

See www.bossanova.mus.br/ for lyrics and guitar chords of 'Garota de Ipanema', 'Corcovado', 'Águas de Março', 'Ela é carioca', 'O Barquinho' and many more. To learn more about Bossa Nova, click on: 'História da Bossa Nova'.

Vocabulary ♦

tocado	played
pandeiro (m)	tambourine
cavaquinho (m)	small guitar
letra/s (f/p)	lyric/s
morros (mp)	hills/favelas
dose (fp)	dose
retrata	portrays
bossa (f)	way, charm
violão (m)	guitar

Exercise 6

Match the following phrases based on Text 1:

1 O samba é a mistura de ritmos africanos e europeus.
2 Ligado à vida nos morros.
3 A letra retrata a vida urbana.
4 Um grupo de músicos de classe média.
5 Uma mistura de samba com o jazz.
6 Os ritmos refletem as raízes do povo.

_____ A group of middle class musicians.
_____ The rhythms reflect the roots of the people.
_____ A mixture of samba and jazz.
_____ The lyrics portray urban life.
_____ Connected to life in the favelas.
_____ Samba is the mixture of African and European rhythms.

Language point 3 ♦

Há or a?

1 **há** – relating to a time in the past expresses: 'how long', 'for' plus a period of time, or 'ago' (all interchangeable with **faz**):

> *Há* quanto tempo você trabalha aqui?
> *How long* have you been working here?

> **Moram em Londres *há* mais de seis anos.**
> They have been living in London *for more than six years*.

> *Há* três dias recebi o resultado dos exames.
> Three days *ago* I received the exam results.

2 **A** – relating to time in the future, time in general and distance:

> **Daqui *a* dois anos termino o meu curso de química** (time in the future).
> In two years' time I will finish my chemistry course.

> **Estamos *a* poucos minutos da Catedral de Brasília** (time in general).
> We are a few minutes from Brasília Cathedral.

> **Goiânia fica *a* 360km de Brasília** (*distance*).
> Goiânia is 360km from Brasília.

Exercise 7

Fill in the gaps using **há** or **a**:

1 Chegamos ao Brasil _____ dez dias.
2 Daqui _____ uma semana vamos visitar o Nordeste.
3 O nosso guia chegou _____ pouco.
4 Fizemos os exercícios _____ muito tempo.
5 Requeri, _____ alguns dias, a minha carteira de estudante.
6 Recebo o meu diploma daqui _____ cinco dias.
7 De hoje _____ três semanas é o exame de literatura inglesa.
8 _____ anos que faço compras em Taguatinga.
9 O festival começa de hoje _____ quarenta dias.

Exercise 8

a

1 Read the text about Portinari and then match the words in italics with their Portuguese equivalents in the box below.
2 Now check the complete translation with the key.

Brazilian painter Candido Torquato Portinari (1903–1962) was the most important *representantive (1)* of Brazilian Modernism and the only *modernist painter (2)* to *achieve (3)* international *recognition (4)* for his artistic vocation. He painted *almost (5)* five thousand *works (6)*, from *small sketches (7)* to *giant murals (8)*, such as: 'Café', 'Retirantes', 'Criança Morta' and 'Morro'. His *themes (9)* included *social problems (10)*, *culture (11)*, history and religion. In 1935 his *oil painting (12)* 'Café' won second *honourable mention (13)* in New York. In 1956 he won the Guggenheim *National Award (14)* for his mural 'Guerra e Paz' which is *exhibited (15)* at the UN Head-quarters. Portinari held his *last exhibition (16)* in Moscow in 1960.

última exposição _____	prêmio nacional _____	quase _____
representante _____	cultura _____	pintura a óleo _____
pintor modernista _____	murais gigantes _____	
temas _____	reconhecimento _____	obras _____
menção de honra _____	problemas sociais _____	
exposto _____	alcançar _____	pequenos esboços _____

Website: http://www.portinari.org.br/

b

1 Read then translate the passage below into Portuguese.
2 Check the complete translation in the key.

The 'mineiro' sculptor and architect Antônio Francisco Lisboa, 'o Aleijadinho', (1730–1814) was Brazil's most important baroque sculptor and is frequently compared to Michaelangelo for the beauty and excellence of his sculptures. Aleijadinho created many works in wood and soap-stone during the colonial period and his sculptures, carvings and church façades can be seen in the Minas Gerais towns of Ouro Preto, Congonhas (known as the city of the prophets), Mariana, Sabará, São João del Rei and Tiradentes.

Website: www.viagensmaneiras.com/viagens/congonhas.htm

Exercise 9

Read then translate this text on Brasília into English

A arquitetura futurística de Brasília é única e simboliza a modernidade, a força econômica e o progresso do Brasil. Os arquitetos Oscar Niemeyer e Lúcio Costa desenharam Brasília nos anos sessenta. A nova capital federal do Brasil foi construída na forma de um avião, com os prédios municipais na fuselagem e as residências, escolas e lojas nas asas. Os trabalhadores que construíram Brasília são conhecidos como 'Candangos'. UNESCO declarou Brasília como Patrimônio da Humanidade em 1987.

Catedral de Brasília

Text 2 🔊 (CD2; 7)

This article takes a look at Brazilian cinema from the 1960s onwards when **Cinema Novo** *(New Cinema), began.*

O lema dos cineastas na época do Cinema Novo era: 'Uma câmera na mão e uma idéia na cabeça'. Glauber Rocha foi um dos grandes nomes do cinema brasileiro. Os seus filmes, como *Deus e o diabo na terra do sol* (1964), abordaram os problemas básicos da sociedade brasileira, numa maneira alegórica como meio de evitar a censura do regime militar.

O movimento Tropicalista também se concentrou nas formas alegóricas para produzir filmes como Macunaíma,[1] dirigido por Joaquim Pedro de Andrade.

Embrafilme, uma agência governamental, ajudou na produção de filmes nos anos 1970 e 1980. *Dona Flor e seus dois maridos*[2] de Bruno Barreto, foi um sucesso internacional.

Nos anos mais recentes, *Central do Brasil* (1998) de Walter Salles, ganhou duas indicações ao Oscar pela melhor atriz e melhor filme estrangeiro.

Em 2002, *Cidade de Deus*, de Fernando Meirelles, com parte do elenco escolhido entre garotos de favelas cariocas, sem nenhum contato com a arte de atuar, recebeu vários prêmios.

lema motto   **elenco** cast

Notes:

[1]Based on the novel by Mário de Andrade, one of the founders of Brazilian Modernism and author of *Macunaíma* ('hero with no character'). Andrade was a central figure in the Week of Modern Art (1922) which changed the face of the arts in Brazil.

[2]Based on the novel by Jorge Amado, one of Brazil's best known and most prolific writers. Many of his works have been translated into other languages and some have been made into films.

To find out more about Brazilian authors, see:

General site: http://www.brazilbrazil.com/books.html
Machado de Assis: http://www.fll.purdue.edu/publications/espelho/Who.html

---

Central do Brasil – sinopse: Dora writes letters for illiterate people at Rio de Janeiro's central station, Central do Brasil. When Josué's mother dies, they both go in search of the father he never knew.

Cidade de Deus (City of God) – sinopse: Buscapé is one of the inhabitants of Cidade de Deus favela in Rio who sees reality differently from others. Through his camera he finds a way to escape the endless violence.

Exercise 10

1 Listen to Text 2 then answer these questions in English:

a What did the films of Glauber Rocha deal with? How did he go about this?

b What was Embrafilme and what was its purpose?

c What was unusual about the actors in the film *Cidade de Deus*?

2 Translate Text 2 into English.

Language point 4 ♦

The future perfect

The future perfect is formed with the future of **ter** 'to have':

terei, terás, terá, teremos, terão + past participle

It expresses the English 'will have left', 'will have written', etc.
It is used:

1 In future actions previous to other future actions.

> *Quando você entrar no clube*, o jogo *terá começado*.
> By the time you arrive at the club the game will have begun.

> *Quando o marido voltar*, o bebê já *terá nascido*.
> By the time the husband returns the baby will have been born.

> *Quando os estudantes chegarem*, nós *teremos escolhido* as tarefas.
> By the time the students arrive we will have chosen their tasks.

2 To express a future action which will happen in a specific time in the future.

> **Até amanhã já *terei terminado* o trabalho.**
> *By tomorrow* I will already have finished the work.

Daqui a um mês *teremos vendido* o terreno.
In a month's time we will have sold the land.

3   To express uncertainty about past facts.

Não estou certa se os professores *terão corrigido* os testes.
I am not certain if the teachers will have corrected the tests.

Não sabemos se o Pedro *terá conseguido* as passagens.
We don't know if Peter will have managed to get the tickets.

Exercise 11

a   Match sentences 1–6 with those below:

1   By the time she telephones, I will already have watched the film.
2   You will already have read the script by the time I return.
3   In a month's time they will have bought the house.
4   By the time they arrive the plane will have landed.
5   I don't know if they will have prepared the speech for tomorrow.
6   In a year from now we will have returned from Brazil.

–   Daqui a um mês eles terão comprado a casa
–   Daqui a um ano nós teremos voltado do Brasil
–   Eu não sei se eles terão preparado o discurso para amanhã
–   Vocês já terão lido o roteiro quando eu voltar
–   Quando eles chegarem o avião terá aterrizado
–   Quando ela telefonar, eu já terei visto o filme

b   Here are some verbs used in Text 2. Identify which tense they are in and then change them into the future perfect: **é, abordaram, concentrou, ajudou.**

Você sabia?

A Capoeira é uma arte marcial Afro-Brasileira desenvolvida pelos escravos. Os movimentos, acompanhados por música, tocada no Berimbau são complexos e acrobáticos e mistura luta, dança, música e brincadeira. Capoeira na Escola é um projeto governamental que tem como objetivo reaproximar os jovens à cultura popular e também mostrar os benefícios da capoeira no desenvolvimento da auto-estima e da identidade social.

www.nzinga.org.br/Sound/som.htm

o berimbau

8 Esportes e religião

In this unit you will learn about:

- ▶ Brazil and football
- ▶ **algum, nenhum**; **alguém, ninguém**
- ▶ other sports and facts
- ▶ idiomatic uses of **dar**, **andar**, **ir**, **vir** and **fazer**
- ▶ Christianity and other faiths
- ▶ using the conditional (2)

Situation 1 〔🔊〕 (CD2; 9)

A football match between two Rio clubs, Flamengo versus Fluminense (Fla-Flu), is considered a classic and fills the Maracanã stadium in Rio to overflowing. Here Sebastião, a Fluminense supporter, talks about his views on Brazilian football.

Exercise 1

Before listening to the recording:

1 Read the text and the words in the column on the right.
2 Fill in gaps 1 to 11 in the text with a noun, adjective, adverb, etc., based on the matching numbered words in the column. The first one has been done for you.
3 Now listen to the recording and check you have the correct answers.

Além de ser a mais globalizada e (1) *democrática*	*1 Democracia*
de todas as modalidades (2) _____, para mim o	2 esporte
futebol é uma arte e é a minha (3) _____. Sou	3 religioso
Fluminense de corpo e alma e o que me dá uma	4 principal

grande alegria é ver o meu time vencer o Flamengo no Maracanã.

Para mim, não existe *nenhum* evento mais fascinante que a Copa do Mundo. Faço questão de assistir a todos os jogos, (4) _____ quando o Brasil está jogando. É (5) _____ torcer e ver o Brasil marcar gols.

Nunca pensei que o futebol se tornaria um negócio tão lucrativo e que transformaria a vida de tantos (6) _____. A venda dos craques Roberto Carlos, Ronaldo, Kaká, Robinho e muitos outros futebolistas de prestígio internacional não só gerou milhões de dólares para os clubes (7) _____ e enriqueceu os cofres dos clubes (8) _____, como também proporcionou a esses jogadores contratos milionários.

Mas, o que (9) _____ me (10) _____ é o fato de que há alguns clubes que pagam muito mal e por esse motivo, muitos jogadores (11) _____ estão saindo do Brasil para tentar uma vida melhor no exterior. Eu compreendo a situação deles mas acho que é uma pena que isto aconteça num país que é Pentacampeão de futebol e que tem os melhores jogadores do mundo!!

5 emoção
6 jogar
7 Brasil
8 Europa
9 real
10 triste
11 talento

faço questão de I make a point of   **craques** (aces) football stars

Exercise 2

Now say whether these sentences are true or false:

Sebastião . . .

1 Can't understand why the best players leave Brazil to play for European clubs. _____
2 Is a football fanatic. _____
3 Believes Brazilian football stars only have prestige in Brazil. _____
4 Thinks the World Cup is a great event. _____
5 Believes the main reason the best Brazilian players go abroad is to learn another language. _____

Exercise 3

Here are some words and expressions relating to football. See if you can match the numbered Portuguese words with their English translations in the box below.

1   o time
2   o campo
3   a baliza
4   a rede
5   o goleiro
6   o atacante
7   o artilheiro
8   o centro-avante
9   o treinador
10 o técnico
11 o capitão do time
12 o árbitro

13 chutar a bola
14 fazer/marcar um gol
15 driblar
16 o hino nacional
17 a chuteira
18 a camisa
19 ser expulso de campo
20 cabecear
21 estar impedido
22 cobrar falta
23 ficar contundido
24 distender o músculo

_____	a	trainer	_____ m	to be offside
_____	b	coach	_____ n	striker
_____	c	team captain	_____ o	the national anthem
_____	d	pitch	_____ p	to score a goal
_____	e	to shoot the ball	_____ q	net
_____	f	take a free kick	_____ r	centre forward
_____	g	to dribble	_____ s	goalkeeper
_____	h	strip	_____ t	to head the ball
_____	i	boot	_____ u	attacker
_____	j	goal	_____ v	team
_____	k	to be sent off	_____ w	to pull a muscle
_____	l	referee	_____ x	to get bruised

Note: If you are a football fan, Alex Bellos's book, *Futebol – the Brazilian Way of Life* is a must.

Exercise 4

Vamos falar

a   Ask and answer questions about your favourite sports:

Do you practise any sports?	Você pratica algum esporte?
My favourite sport is . . .	O meu esporte favorito é . . .
Do you support a team? Which one?	Você torce para algum time?
	Qual?

Use vocabulary such as:

Eu pratico vários esportes. Eu jogo tênis/futebol/basquetebol. Eu faço natação. Eu luto judô/karatê/capoeira.

b   Brazil is considered to be the home of football (**o país do futebol**). Match these sports with the countries they are most associated with.

China   Canadá   Paquistão   EUA   Japão   Escócia
hóquei no gelo   beisebol   judô   golfe   tênis de mesa
cricket

Exercise 5

Read this text about Maracanã Stadium then translate it into Portuguese.

Mário Filho football stadium, the largest in the world, was opened on 16 June 1950. Cariocas named it Maracanã after Maracanã-guaçu, the Indian name for the birds that lived in the region before the construction of the stadium. Not only football matches but many other important sporting and cultural events are held in the Maracanã Stadium. Big enough to accommodate 103,022 spectators, it held 174,000 supporters in the 1950 World Cup Final, Brazil versus Uruguay. Brazil lost, the drums went silent and the whole nation cried.

Visit the web site http://www.suderj.rj.gov.br/maracana.asp to learn more about Maracanã Stadium.

Language point 1 ♦

Masculine   *Feminine*
algum/alguns   **alguma/algumas**
nenhum/nenhuns   **nenhuma/nenhumas**

Note: **nenhuns/nenhumas** are not incorrect but Brazilians do not use these forms.

1   **Algum** 'some/any' and **nenhum** 'none' are variable indefinite pronouns.

Examples from Situation 1:

> **Nenhum evento**   No event
> **Alguns clubes**   Some clubs

Algum: before a noun = positive idea; after a noun = negative idea

> **O técnico fez algumas mudanças no time.**
> The coach made some changes to the team.

> **Amigo algum poderia ajudá-lo agora.**
> No friend could help him now.

Algum can be replaced by **nenhum** when conveying a negative idea:

> **Ameaça alguma nos intimidava.**   No threat intimidated us.
> **Nenhuma ameaça nos intimidava.**   No threat intimidated us.

Nenhum is normally used when negative words such as **não, nada, sem, nem** are in a sentence:

> **Entramos no clube sem**   We entered the club without
> **nenhum problema.**   any problem.

Note: the indefinite articles **uns, umas** also express 'some':

Uns jogadores muito bons   Some very good players
Umas garotas cariocas falaram conosco.   Some carioca girls spoke to us.

2 **Alguém** 'someone' and **ninguém** 'no-one' are invariable indefinite pronouns.

> **Alguém me deu uma cerveja mas ninguém me tirou para dançar.**
> Someone gave me a beer but no-one asked me to dance.

Exercise 6

Fill in the gaps using variable or invariable indefinite pronouns then translate the sentences into English:

1 Você vai torcer para _____ time?
2 Não, não vou torcer para _____.
3 Vocês têm _____ notícia do João?
4 Não, não temos _____.
5 Ele ficou em casa vendo o futebol. _____ o convidou para a festa.
6 Não deixaram _____ entrar. Vou chamar _____ para abrir a porta.
7 Por favor, preciso de _____ informações.
8 _____ comprou os ingressos? Não. Não havia mais _____.

Language point 2 ♦

In Portuguese, verbs **dar** 'to give', **andar** 'to walk', **ir** 'to go', **vir** 'to come' and **fazer** 'to do, make', are used widely in idiomatic expressions. Look at the examples below.

Ela *não se dá conta de que*...   She doesn't realize that...
Vai com calma.   Take it easy.

Ela *faz como quem não sabe.*	She is pretending.
Ando muito preocupado.	I have been very worried.
Venho pensando nisso.	I have been thinking about this.
Não faço a menor idéia.	I haven't got a clue.
Ela *deu o fora* nele.	She dumped him.
A transferência do jogador *deu o que falar.*	The player's transfer caused a lot of talk.
A seleção brasileira *anda jogando mal.*	The Brazilian team has been playing badly.
Ele *anda na pior.*	He is having a hard time.
O jogador *foi bem* no treino.	The player did well in training.
Faço questão de assistir a todos os jogos.	I make a point of attending all the games.

Exercise 7

Using the idiomatic expressions above, how would you say the following in Portuguese:

1 Francisco didn't realize that it was so late.
2 My friend dumped her boyfriend.
3 I have been very worried about my training.
4 He has been depressed; his team lost the championship.
5 The traffic here is chaotic. Take it easy.
6 I have been thinking about opening a gym academy in Copacabana.
7 Do you know who I met in Goiânia today? – No, I haven't got a clue.

Situation 2 ⑼👂

Here are two newspaper articles about different aspects of sport in Brazil.

Exercise 8

Listen to the recordings of texts A and B then translate them into English.

A **(CD2; 11)**

> ### Jogos Pan-americanos Rio 2007
>
> Os Jogos Pan-americanos são uma versão continental dos Jogos Olímpicos e são realizados de quatro em quatro anos. De acordo com a Riotur* mais de 500.000 turistas visitaram o Rio em julho de 2007 para assistir aos Jogos. 42 paises membros da ODEPA participaram das competições e cerca de 650 atletas representaram o Brasil.
> Este foi o maior evento multiesportivo realizado no Brasil. As 28 modalidades esportivas dos Jogos Pan-americanos estarão incluídas nos próximos Jogos Olímpicos de Beijing.

*a **Riotur**   Rio Tourist Board   **ODEPA**   Organização Desportiva Pan-Americana

B **(CD2; 13)**

> ### Clube dos Descalços
>
> Muitos jogadores e atletas brasileiros que se tornaram famosos em eventos esportivos internacionais patrocinam campanhas de ajuda às crianças carentes brasileiras que querem praticar um esporte. Exemplo disso é o Clube dos Descalços iniciado por Joaquim Cruz. O objetivo deste clube é doar tênis usados e arrecadar fundos para aquisição de material esportivo para atletas de baixa renda. Como disse Joaquim Cruz: 'Doar um par de tênis é a maneira mais simples de agradecer as pessoas que me ajudaram no início da minha carreira.'

Joaquim Cruz, primeiro e único atleta brasileiro a ganhar a medalha de ouro nas Olimpíadas de Los Angeles, em 1984.
For more details see: http://www.joaquimcruz.com/

Vocabulary ♦

patrocinam campanhas	sponsor/support campaigns
crianças carentes	needy children
doar	to give

arrecadar fundos	to raise funds
baixa renda	low income

Vamos falar

1 Você gostaria de assistir aos Jogos Olímpicos? Veja abaixo a lista de alguns esportes que são disputados nas Olimpíadas.
2 Na sua opinião:

Quais são os esportes mais perigosos? E os mais violentos? Praticar esportes é importante? Por quê?

Palavras úteis:

desenvolver	to develop
promover	to promote
confraternização	solidarity
espírito competitivo	competitive spirit
manter a forma física	to stay in good shape

3 O que você acha da iniciativa Clube dos Descalços?
4 Que outras sugestões você daria para ajudar crianças e jovens carentes que querem praticar esportes?

Algumas modalidades olímpicas – *Some Olympic events*

atletismo	futebol	luta	tae kwon do
badminton	ginástica	nado sincronizado	tênis
basquete	halterofilismo	natação	tênis de mesa
beisebol	handebol	pentatlo moderno	tiro ao alvo
boxe	hipismo	pólo aquático	tiro com arco
canoagem	hóquei sobre grama	remo	trialto
ciclismo	iatismo	saltos ornamentais	vôlei
esgrima	judo	softbol	

Text 1 ⏵🎧 (CD2; 15)

Second year student Romualdo da Silva has written the winning essay in a competition for World Religion Day on the topic 'Religion in Brazil'.

Exercise 10

1 Before listening to the text, read it, then insert the missing words from the list below.

List of missing words:

pau-brasil	missionários
terras brasileiras	diversidade
esoterismo	menos
na areia branca	igrejas
26 de abril	nome do rei
dos índios	número
predominante	apenas
de julho de 2006	outras religiões
mais tarde	influência

2 There are three extra words in the list. What are they?

3 Now listen to the recording to check your answers.

Religião no Brasil

Em volta de um altar improvisado e uma cruz de madeira fincada 1 _____ da praia em Porto Seguro, na Bahia, os indígenas e a tripulação de Cabral,* assistiram à primeira missa celebrada em 2 _____. Oficiada pelo Frei Henrique de Coimbra no dia 3 _____ de 1500, Domingo de Páscoa, essa missa celebrou a tomada de posse da terra em 4 _____ de Portugal e da fé católica.

Quase meio século 5 _____ chegaram ao Brasil os 6 _____ jesuítas para começar a catequese 7 _____ na doutrina católica. O catolicismo herdado dos portugueses continua 8 _____ no Brasil mas ao lado dele, muitas 9 _____ coexistem, como o Candomblé, religião afro-brasileira praticada inicialmente pelos escravos.

Hoje, no Brasil, o Espiritismo é a religião que mais cresce. De acordo com a revista Época 10 _____, edição 424, 'o Brasil não é 11 _____ o maior país católico do mundo. É também a nação com o maior 12 _____ de espíritas, cerca de 20 milhões de pessoas, segundo os números oficiais'.

No Brasil há uma grande 13 _____ de religiões. Há muitas 14 _____ protestantes, templos ortodoxos, sinagogas e mesquitas mas é principalmente a herança religiosa dos portugueses que exerce até hoje uma forte 15 _____ social, política e cultural na vida dos brasileiros.

* Pedro Álvarez Cabral, Portuguese navigator who discovered Brazil in 1500.

Vocabulary ◆

fincada	stuck in
Bahia	Bahia State
tomada de posse da terra	the taking possession of the land
herdado	inherited
Candomblé (m)	African religion
exerce	exerts

A Primeira Missa no Brasil (The First Mass in Brazil) by Victor Meirelles, is one of the most famous historical paintings in Brazil. If you want to learn more see: http://novaescola.abril.uol.com.br/ index.htm?ed/171_abr04/html/aulaposter

Exercise 11

Translate:

Símbolo da fé cristã, *a catedral de Brasília* é uma expressão moderna do arquiteto Niemeyer. A sua construção, que representa duas mãos em prece levantadas para o céu, ficou completa em 31 de maio de 1970.

Language point 3 ◆

The conditional 2

Review Unit 4.
Further uses of the conditional are to:

express a desire	**Eu daria tudo para estar em Porto Seguro.** I would give anything to be in Porto Seguro.
suggest something	**Deveríamos ser mais tolerantes, não acha?** We should be more tolerant, don't you think?

make polite requests **Poderia me levar para a catedral ortodoxa?**
Could you take me to the Orthodox Cathedral?

Note: colloquially, the imperfect is often used in place of the conditional and the examples above could also be translated as:

Eu *dava* tudo para estar em Porto Seguro.
Devíamos ser mais tolerantes, não acha?
Podia me levar para a catedral ortodoxa?

Você sabia?

Símbolo não só do Rio de Janeiro mas de toda a nação, a estátua do Cristo Redentor foi inaugurada no dia 12 de outubro de 1931, dia da Padroeira do Brasil, Nossa Senhora Aparecida (Our Lady Aparecida, Brazil's Patron Saint).

O monumento do Cristo fica no Morro do Corcovado (Hunchback Mountain) de onde se tem uma visão de 360 graus da cidade do Rio de Janeiro e da Baía de Guanabara.

No dia da inauguração as luzes do Cristo Redentor foram acionadas da Itália, centro do catolicismo, pelo inventor italiano Guglielmo Marconi.

Para saber mais, digite: *Estátua do Cristo Redentor* e clique no site: *Cristo Redentor – de braços abertos para o mundo.*

9 Mercado de trabalho

In this unit you will learn about:

▶ employment issues
▶ irregular verbs **ser** and **ir**
▶ letter writing
▶ job advertisements
▶ verbs **saber, conhecer, poder**
▶ orthography and radical changing verbs

Manufacturing and services are the largest sectors of employment (**o emprego**) in Brazil. Over 50 per cent of industry – mostly car manufacturing – is centred in and around São Paulo. Legislation (**a legislação**) to protect workers' rights includes paid holidays and a monthly minimum wage (**o salário mínimo**) of around R$415 (approx US$248/£123). A yearly bonus (**o 13° salário**) is also paid. As well, the Length of Service Guarantee Fund, (**o FGTS – fundo de garantia de tempo de serviço**) allows employers (**os empregadores**) to deposit a percentage of a worker's salary into a restricted bank account. The fund can be paid out, for example, if a worker's contract ends or to reduce the cost of a mortgage (**um financiamento**).

Text 1 ◀))🎧 (CD2; 17–26)

*The readers (os **leitores**) of a weekly magazine have sent in letters to the editor (cartas à **redação**), expressing their opinions on topics covered in the last issue, including the new minimum wage and human rights (direitos **humanos**).*

Exercise 1

Before listening to Text 1 match the first and second columns of vocabulary:

1	citando	a	child labour
2	aumento	b	rubbish picking
3	rendimento	c	invaluable measures
4	trabalho infantil	d	standard of living
5	medidas inestimáveis	e	increase
6	lixões	f	slave labour
7	trabalho escravo	g	hardly pays for
8	padrão de vida	h	quoting
9	mal dá para pagar	i	income

Cartas à redação

Novo salário mínimo

Citando o seu artigo sobre o novo salário mínimo: **o aumento do salário mínimo reduzirá a pobreza e a desigualdade social.** É mesmo? O fato é que o novo salário mínimo ainda é muito pouco. As famílias pobres não podem sobreviver com esse rendimento. Mesmo para as pessoas que ganham o equivalente a dois salários mensais, como eu, esse dinheiro mal dá para pagar as despesas. E nem pensar em férias – tenho que trabalhar para pagar as contas e usei o 13° salário para cobrir as despesas de faculdade do meu filho.

Este ano queria comprar uma casa com o FGTS acumulado de 20 anos de trabalho. 20 anos . . . O impacto do novo salário vai diminuir a pobreza? Um sonho bonito . . .

Heloisa Gouveia –
Porto Alegre, RS

Empregadas domésticas[1]

Concordo que um problema ainda muito sério no Brasil é o número de empregadas domésticas. Desde criança, tenho trabalhado neste campo. Os meus patrões são bons mas às vezes a patroa não me paga o salário no fim do mês. Poderia ser pior, pois eu sei de outras domésticas que sofrem muito porque são tratadas como escravas. Recentemente comecei a estudar à noite porque penso em arranjar um emprego de lojista. A minha filha tem 12 anos e eu não quero esta vida para ela.

Irene Silva – São Paulo, SP

Trabalho infantil

O Peti[2] e a Bolsa-Escola[3] são medidas inestimáveis na Guerra contra o trabalho infantil. Contudo, apesar dos esforços do governo, mais de 5 milhões de crianças ainda trabalham em lixões, serrarias, agricultura, pesca e como vendedores ambulantes. O seu artigo não menciona que não basta tirar crianças do trabalho – a erradicação do trabalho infantil só acontecerá quando as famílias tiverem acesso à educação e ao emprego.

Gabriel Lima – Recife, PE

Tecnologia e trabalho

A respeito do artigo sobre trabalho e desenvolvimento tecnológico, refuto absolutamente que os robôs possam substituir os seres humanos. E se isto acontecer, vamos ter ainda mais desemprego.

Gilberto Mancini – Curitiba, PR

O regime escravo

Muito oportuna e importantíssima a sua reportagem sobre trabalho escravo e trabalho degradante em Goiás. Em particular, a idéia de que todos os brasileiros têm o dever de fazer algo sobre esta situação e não apenas depender do governo. Se cada brasileiro pudesse mudar as suas atitudes, quem sabe haveria justiça social no nosso país?

Joelma Fajardo (socióloga) – Belo Horizonte, MG

[1] According to the IBGE (Instituto Brasileiro de Geografia e Estatistica) nearly 30,000 domestic workers (maids) are not paid by their employers and even those who are earn only about 35 per cent of the average take-home pay.

[2] **o Peti (Programa de Erradicação do Trabalho Infantil)** Programme for the Eradication of Child Labour.

[3] **a Bolsa-Escola** school grant.

Exercise 2

Answer these questions in English:

1 What does the quote from the letter on the 'Novo salário mínimo' suggest? Does Heloisa agree? Does she think that two salaries are enough to live on? What does she intend doing with her FGTS?

2 On 'empregadas domésticas', Irene says she hasn't been working long in this sector – True or false? What does she say about her employers in comparison to others? What is she doing at night and why?

3 What is the government doing about 'trabalho infantil'? What is Gabriel's solution?

4 What points does Gilberto make about 'tecnologia' and 'trabalho'?

5 On 'o regime escravo', does Joelma approve or disapprove of the article? Why? What does she think it would take to bring about a change?

Exercise 3

Using Text 1 for guidance, translate these phrases and sentences:

It will reduce poverty. They can't survive on this income. Don't even think about . . . The lady of the house. It's not enough to . . . Technological development. They have the duty to do something. If each Brazilian changed his attitude.

Exercise 4

Vamos escrever e falar

From the cartas à redação in Text 1:

1 Choose one of the letters.
2 List its main points in Portuguese and English.
3 Write a paragraph saying whether you agree/disagree.
4 Discuss or defend your opinions.

Helpful expressions:

Concordo/não concordo com a carta sobre . . . porque . . . Na minha opinião . . . /acho que . . . /sou contra a idéia de . . . Estou totalmente a favor do que o escritor diz porque . . .

Language point 1 ◆

Irregular verbs ser and ir

When the irregularity of a verb is such that it loses most of its infinitive form when conjugated, we say the verb is *anomalous*. In Portuguese there are only two verbs in this category – ser and ir.

	Indicative mood		
Present		*Preterite*	*Pluperfect**
ser	*ir*	*ser + ir*	*ser + ir*
sou	vou	fui	fora
és	vais	foste	foras
é	vai	foi	fora
somos	vamos	fomos	fôramos
sois	ides	fostes	fôreis
são	vão	foram	foram

Note: In the preterite and pluperfect (*literary form) the conjugation of **ser** and **ir** is exactly the same. Remember the pluperfect tense used in the spoken language is a compound tense formed from the imperfect of **ter** plus past participle: **eu tinha sido** 'I had been'; **ele tinha ido** 'he had gone'. (See Unit 6.)

Present subjunctive		*Subjunctive*	
ser	*ir*	*Imperfect*	*Future*
		ser + ir	*ser + ir*
seja	vá	fosse	for
sejas	vás	fosses	fores
seja	vá	fosse	for
sejamos	vamos	fôssemos	formos
sejais	vades	fôsseis	fordes
sejam	vão	fossem	forem

Ser and ir are also irregular in the present, imperfect and future subjunctives.

Note: the imperfect and future subjunctives of **ser** and **ir** are exactly the same. See Units 11 and 12 for more on the subjunctive.

Exercise 5

Complete the sentences with either **ser** or **ir** then translate them into English:

1 O gerente da empresa _____ a São Paulo ontem. (preterite)
2 Alguns candidatos _____ à agência de empregos. (preterite)
3 Nós _____ ao banco mais tarde. (present indicative)
4 As despesas _____ maiores nas grandes cidades. (present indicative)
5 Se os operários não _____ esforçados, o trabalho não estaria pronto. (imperfect subjunctive)
6 Ela _____ a funcionária favorita da loja. (pluperfect – literary form)
7 Exigimos que esta ata _____ assinada pelos prefeitos. (present subjunctive)
8 Os diretores querem que eu _____ ao Rio. (present subjunctive)
9 Ele _____ para São Paulo para trabalhar na indústria automobilística. (pluperfect – literary form)
10 Os funcionários queriam que o salário mínimo _____ reajustado. (imperfect subjunctive)
11 Talvez _____ os únicos a receber o fundo de garantia. (imperfect subjunctive)
12 Saberemos o que fazer se os trabalhadores _____ contra a legislação. (future subjunctive)
13 Se _____ ao banco hoje vamos arranjar o financiamento. (future subjunctive)

Language point 2 ♦

Letter writing

Formal

Dear Sir/s	Exmo./s. Senhor/es	Yours faithfully:
Dear Madam	Exma. Senhora	**Subscrevo-me**
Dear Mr (Silva)	**Exmo. Sr. (Silva)**	**Subscrevemo-nos**
Dear Mrs (Silva)	**Exma. Sra. (Silva)**	**Atenciosamente**
		Respeitosamente

Another equivalent of **Exmo./a.** (**excelentíssimo/a**) is: **Ilmo./a.** (**ilustríssimo/a**) **Sr./Sra.** = most illustrious Sir/Madam.

Less formal

Dear Sir/s	Prezado/s Senhor/es	Endings as above or
Dear Madam	Prezada Senhora	Cordiais saudações
Dear Friends	Prezados Amigos	Cordialmente
		Agradeço-lhe por sua atenção

Prezado Dear
Estimado Esteemed

Informal

Dear Peter	Caro/Querido Pedro	Abraços
		Beijos
Dear Carolina	Cara/Querida Carolina	Com saudades
		Com carinho

Danilo Nogueira discusses: 'what is the word for "you" in Portuguese?'
www.accurapid.com/journal/13port.htm
Salutations **Prezado/a/s** and complimentary closes **Atenciosamente Cordialmente** or
Respeitosamente are the norm for business letters.

Text 2 🔊 (CD2; 27)

*Michael's work as a volunteer (**voluntário**) at an orphanage (**orfanato**)
is coming to an end and he is looking for another position. He spots
an interesting advertisement.*

Exercise 6

Read and listen to the advertisement then answer these questions:

1 What are the positions for? 2 Are the posts full or part-time?
3 How much is the salary? 4 How do you apply?

> ### Escola de Inglês Brasil-Estados Unidos
>
> Professor Assistente de inglês (5 vagas)
> Cargo temporário em tempo integral
> Admissão imediata
>
> Estamos selecionando professores de inglês (brasileiros e estrangeiros) para trabalhar em nossas escolas em vários estados do Brasil.
> Oferecemos treinamento e salário a combinar.
>
> Requisitos necessários:
>
> – Bom conhecimento das línguas inglesa e portuguesa
> – Bons conhecimentos de informática
> – Curso superior de Letras ou Jornalismo ou cursando
> – Entusiasmo e capacidade de organização
>
> Encaminhar carta e CV para Diretor, J. Maciel: Cx.Postal 2122 ou email: curso.inglês@BRAUSA.com.br

cargo temporário (m)	temporary position
tempo integral	full-time
salário a combinar	salary to be agreed
requisitos necessários (mp)	necessary requirements
curso superior de . . . (m)	university degree in . . .
cursando	studying

Exercise 7

Before reading Michael's letter of application for one of the teaching posts above, match the second column with the first:

1	comunidades carentes	_____ at your disposal
2	organizei uma classe	_____ I look forward to hearing from you soon
3	candidatar-me à vaga	_____ under-privileged communities
4	conforme o anúncio	_____ yours sincerely
5	preencher tal vaga	_____ I set up a class
6	além de	_____ as advertised
7	envio anexo	_____ to fill such a vacancy
8	ao seu dispor	_____ please find enclosed
9	atenciosamente	_____ apart from
10	no aguardo de breve contato	_____ to apply for the vacancy

Belo Horizonte, 26 de agosto de 2007

Senhor J. Maciel
Diretor da Escola de Inglês Brasil-Estados Unidos
Cx Postal 2122
São Paulo – Capital

Assunto: Vaga para Professor de inglês

Prezado Senhor,

Sou britânico e nos últimos três anos, durante as minhas férias no Brasil, tenho trabalhado em comunidades carentes nas áreas de educação e saúde. No momento estou trabalhando como voluntário num orfanato em Belo Horizonte, onde organizei uma classe de inglês para crianças de 5 a 8 anos.

Gostaria de candidatar-me à vaga de Professor Assistente de inglês, conforme o anúncio publicado na *Folha de S. Paulo* do dia 25/08/2007.

Acredito que tenho as qualificações necessárias para preencher tal vaga porque além de ter entusiasmo para ensinar e possuir experiência nessa função, falo inglês, domino bem a língua portuguesa, tenho prática em informática e curso superior.

Envio anexo o meu curriculum vitae e estarei ao seu dispor para entrevista a partir do dia 31/08/2007.

No aguardo de breve contato,

Atenciosamente,

Michael Norland

Rua Tupis, 646 – Centro
Belo Horizonte
Minas Gerais
CEP 30190-061
Tel.: (31) – 32715974
mnland@hotmail.com

Exercise 8

a   In Portuguese answer these questions on Michael's letter:

1   What has Michael been doing for the past three years?
2   What is he doing at the present time?
3   Where does he see the advert?
4   Why does he think he is suitable for the job?
5   When is he available for interview?

b   Translate the letter into English.

Exercise 9

Read these job adverts (**anúncios de emprego**) then answer the questions below.

1

Recepcionista

Para clube esportivo. Jovem (20 a 25 anos) estudante, boa apresentação, afinidade com esportes, para trabalhar período da tarde. CV com foto aos cuidados de Joelma, Alameda Franca, 212.

2

Secretária Bilingue

Uma vaga. Empresa em fase de expansão admite de imediato. R$1.700 + Benefícios de Assistência Médica. Vale Refeição. Vale Transporte. Comparecer c/CV + docs. Rua Voluntários da Pátria, 27. Sala 58 – SP. Horário comercial.

3

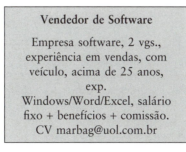

Vendedor de Software

Empresa software, 2 vgs., experiência em vendas, com veículo, acima de 25 anos, exp. Windows/Word/Excel, salário fixo + benefícios + comissão. CV marbag@uol.com.br

1 Which jobs are being advertised?
2 Which advert:

    a Requires sales experience?
    b Specifies appearance?
    c Is not full-time?
    d Provides lunch and transport vouchers?
    e Asks for someone to start immediately?

3 Find the expressions for:

    a Good appearance
    b Care of
    c Medical Care benefits
    d Apply in person with documents
    e Fixed salary + commission

See: *How to embark on a Meaningful South American Adventure* by Volker Poelzl *Transitions Abroad Magazine* May/June 2006: http:www.transitionsabroad.com/publications/magazine/0605/volunteer_work_in_brazil.shtm

Language point 3 ♦

Uses of poder, saber and conhecer

Poder to be able to = to have the permission or the ability to do something

Possibility:

    Laura   Você *pode* trabalhar até mais tarde hoje?
    Alice   **Sinto muito mas hoje não *posso*. Tenho que entrevistar uma nova empregada.**
            Can you work later today?
            I'm sorry but I can't today. I have to interview a new employee.

Permission:

    Assistente   *Posso* arquivar estes documentos amanhã?
    Secretária   *Pode*, mas não chegue tarde para a reunião.
              Can I file these documents tomorrow?
              Yes but don't be late for the meeting.

Saber = to know facts; to know how to, to have the knowledge or ability to do something.

Facts:

Sara   Você *sabe* quantas pessoas trabalham na fábrica?

Jussara Não *sei* mas posso perguntar no departamento de Recursos Humanos.

Do you know how many people work in the factory?
I don't know but I can ask the department of Human Resources.

Knowing how to do something:

Tadeu   Você *sabe* fazer a planilha dos lucros e perdas?

Gilberto Não *sei* mas posso aprender.

Do you know how to do the profit and loss spreadsheet?
I don't know but I can learn.

Ability:

Marina   Você *sabe* datilografar?

Do you know how to type?

Knowledge:

Tiago   Não *sei* mas *sei* muito sobre informática.

I don't but I know a lot about computing.

Conhecer = to know people or places or to be familiar with a subject.

Você *conhece* o Bill?
Vocês *conhecem* o Rio de Janeiro?
Você *conhece* as regras do jogo de xadrez?

Exercise 10

Complete these sentences with **poder, saber** or **conhecer**:

1 Vocês _____ ir ao shopping agora?
2 Você _____ que o salário mínimo aumentou?
3 Nós ainda não _____ o novo professor de inglês.
4 Ela _____ usar este programa do computador.
5 Não sei se _____ ganhar mais do que o meu chefe.
6 Eles não _____ o novo diretor do hospital.

Language point 4 ♦

1 Orthography-changing verbs
Some, otherwise regular, verbs have spelling changes in the last
consonant of the verb stem to preserve the original verb sound.
Examples:

1 -**ar** verbs:
Verbs in -**car**:

ficar	to remain **c** before **e** becomes **qu**

Preterite: **fiquei, ficaste, ficou**, etc.
Present subjunctive: **fique, fiques, fique, fiquemos, fiqueis, fiquem**

Verbs in -**çar**:

dançar	to dance **ç** before **e** – omit the cedilla from the **c**

Preterite: **dancei, dançaste, dançou**, etc.
Present subjunctive: **dance, dances, dance, dancemos, danceis, dancem**

Verbs in -**gar**:

chegar	to arrive **g** before **e** – becomes **gu**

Preterite: **cheguei, chegaste, chegou**, etc.
Present subjunctive: **chegue, chegues, chegue, cheguemos, chegueis, cheguem**

2 -**er** verbs:
Verbs in -**cer**

conhecer	to know **c** before **o** and **a** becomes **ç**

Present indicative: **conheço, conheces, conhece**, etc.
Present subjunctive: **conheça, conheças, conheça, conheçamos, conheçais, conheçam**

3 -**ir** verbs:
Verbs in -**gir**

fugir	to flee **g** before **o** and **a** becomes **j**

Present indicative: **fujo, foges, foge**, etc.
Present subjunctive: **fuja, fujas, fuja, fujamos, fujais, fujam**

2 Radical-changing verbs

Here the *vowel* of the stem of some verbs undergoes a change. Examples:

Infinitives ending in **-ir**

a Stem vowel **e** changes to **i** in the first person singular of the present indicative and therefore throughout the present subjunctive and the polite command forms:

preferir: to prefer

Present indicative: **prefiro, preferes, prefere, preferimos, preferis, preferem**

Present subjunctive: **prefira, prefiras, prefira, prefiramos, prefirais, prefiram**

b Stem vowel changes from **o** to **u** in the same way as a:

dormir: to sleep

Present indicative: **durmo, dormes, dorme, dormimos, dormis, dormem**

Present subjunctive: **durma, durmas, durma, durmamos, durmais, durmam**

There's also a third pattern, which appears in verbs like **subir**:

Present indicative: **subo, sobes, sobe, subimos, subis, sobem**

Present subjunctive: **suba, subas, suba, subamos, subais, subam**

Similar verbs: **sumir, cuspir, sacudir** and **fugir** (above).

Exercise 11

Translate these sentences into Portuguese:

1 Last year I stayed two weeks in Salvador.
2 I don't know the new secretary.
3 We prefer to have lunch in the restaurant near the office.
4 I wake up with a headache if I sleep late.
5 I hope they (elas) dance with me.

6 I arrived late for work.
7 I hope you don't flee the country.

Você sabia?

A maioria das vítimas do trabalho escravo no Brasil são analfabetos do sexo masculino. Geralmente trabalham no desmatamento e preparação do solo para plantio e criação de gado e em carvoarias clandestinas. Eles são iludidos com promessas de emprego e uma vida melhor por fazendeiros ou intermediários, os chamados 'gatos'. No ano passado, um total de 180 fazendas foram fiscalizadas pelo Ministério do Trabalho e Emprego (MTE) e mais de quatro mil homens trabalhando sob regime escravo foram libertados.

10 Imigração e desenvolvimento econômico

In this unit you will learn about:

▶ immigration
▶ the impersonal and personal infinitives
▶ immigrants in São Paulo
▶ personal pronouns
▶ the economy

Text 1 [🎧] (CD2; 29)

Over the years immigrants from all over the world have come to Brazil to work and settle there.

Exercise 1

Listen to Text 1 and say in Portuguese if these statements are true or false:

1 O Brasil não deu nenhum incentivo à imigração. _____
2 A maioria dos imigrantes foram europeus. _____
3 Todos os imigrantes vieram trabalhar nas fábricas. _____
4 Os imigrantes normalmente não se estabeleceram no Brasil. _____

O Brasil começou a receber imigrantes no século XIX principalmente após a Abolição da Escravatura em 1888. A partir daí, imigrantes de vários países entraram no Brasil em diferentes épocas, muitas vezes incentivados pelo governo brasileiro. Imigrantes italianos, portugueses, espanhóis e alemães representaram os maiores e mais significativos contingentes migratórios no Brasil. Além deles, imigrantes russos, japoneses, sírio-libaneses e muitos outros, vieram inicialmente para trabalhar na agricultura e posteriormente para trabalhar nas indústrias de São Paulo.

A mão-de-obra e o trabalho especializado dos imigrantes foram contribuições importantes na economia brasileira. Eles também contribuíram para a diversidade étnica e cultural do país, dando ao Brasil a sua própria identidade. Muitos imigrantes fizeram do Brasil a sua pátria e se tornaram cidadãos brasileiros.

Situation 1 🔊 (CD2; 31)

Mário and Marlene talk about how their ancestors came to settle in Brazil.

Exercise 2

1 Read the texts and then answer in English the question that follows each text.
2 If you have the CD, listen to Mário and Marlene's stories.
3 Translate the two accounts.

1 Mário Suzuki, 40 anos:

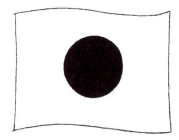

Sou brasileiro, 'sansei', neto de japoneses. Meus avós vieram para o Brasil na década de 1930 com a intenção de fazer dinheiro e voltar para o Japão. Inicialmente foram trabalhar nas plantações de café no norte do Paraná. Os primeiros tempos foram difíceis porque não só ganhavam pouco como também a cultura, a língua e os costumes brasileiros eram tão diferentes. Sentiam-se muito isolados. Eventualmente foram para o interior de São Paulo e começaram a trabalhar por conta própria na avicultura e plantação de morangos. E nunca retornaram ao Japão. Meus pais se radicaram em São Paulo e aqui eu nasci. Hoje em dia, a população nipônica no Brasil é de mais de um milhão de pessoas, o que representa a maior comunidade japonesa fora do Japão.

Somos descendentes de japoneses mas somos antes de tudo, cidadãos brasileiros.

1 Quais foram as principais dificuldades encontradas pelos avós do Mário japoneses no Brasil?

2 Marlene Guenther da Silva, 22 anos: 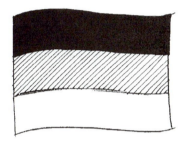 **(CD2; 33)**

Sou gaúcha[1] e estou fazendo a faculdade de Economia aqui em Porto Alegre. Sou descendente de imigrantes alemães, os primeiros a chegarem ao Brasil depois dos portugueses. Li num site sobre imigração que a primeira colônia alemã foi fundada em São Leopoldo em 1824, mas os meus antepassados chegaram lá mais tarde, no início do século passado, para trabalhar na fabricação de calçados. Minha amiga de faculdade é catarinense[2] e no ano passado, fui com ela à Oktoberfest em Blumenau. Ela me levou para conhecer Pomerode, cidade fundada por alemães e onde 85 por cento dos habitantes são de origem germânica. Esta região brasileira é conhecida como o Vale Europeu. Nunca vi tantos brasileiros de olhos azuis e cabelos louros!

gaúcho/a[1] person born in Rio Grande do Sul state **catarinense**[2] person born in Santa Catarina state

2 O que a Marlene leu sobre os primeiros imigrantes alemães no Brasil?

http://www.terrabrasileira.net/folclore/influenc/italiano.html
www.comciencia.br/reportagens/migracoes/migr05.htm

Language point 1 ◆

Infinitives

There are two types of infinitive in Portuguese – impersonal and personal.

1 The impersonal infinitive indicates *general* action where no subject is specified:

Poupar cada mês é sensato. *To save* each month is sensible.
É melhor *viajar* hoje. It's better *to travel* today.

It is used:

a After prepositions such as **antes de, depois de, apesar de, para, sem, ao, até:**

Depois de telefonar ele fechou *After telephoning* he closed
  a porta. the door.
Eles sempre falam *sem pensar*. They always speak *without thinking.*

b In place of the subjunctive (in colloquial language):

Subjunctive: **É bom fazer pesquisas *antes que compre* um computador.**
Infinitive: **É bom fazer pesquisas *antes de comprar* um computador.**
It's good to do research before you buy a computer.

c In place of the imperative:

Não *pisar* na grama. *Don't walk* on the grass.
(Imperative: **Não *pise* na grama.**)

2 The personal infinitive is used in the same way as the impersonal but the personal infinitive indicates more clearly the person it refers to.

Forming the personal infinitive: there are three endings:

desenvolver to develop

(eu)	**desenvolver**
(tu)	**desenvolveres**
(ele/ela/você)	**desenvolver**
(nós)	**desenvolvermos**
(eles/elas/vocês)	**desenvolverem**

The personal infinitive is very useful as it helps to avoid ambiguity. Compare:

Impersonal infinitive: **Este texto é para *traduzir* agora?** (*Who* is translating the text?)

Personal infinitive: **Este texto é para *eu* traduzir* agora.** This text is for *me* to translate now.

Este texto é para *traduzires* agora.	This text is for *you* (**tu**) to translate now.
Este texto é para *traduzirmos* agora.	This text is for *us* to translate now.
Este texto é para *eles* traduzirem* agora.	This text is for *them* to translate now.
Este texto é para *vocês* traduzirem* agora.	This text is for *you* to translate now.

* The subject pronoun can be omitted in the **tu** and **nós** forms of the verb. As the other persons share the same forms, however, it is advisable to use the subject pronoun in the sentence, unless the person being referred to is clear from the context.

There is also a compound infinitive composed of **ter** plus past participle:

Depois de *terem chegado* ao aeroporto, *os imigrantes* falaram com a mídia.
After arriving at the airport, the immigrants spoke to the media.

Apesar de *ter emigrado*, Jack ainda mantém contato com os seus primos.
In spite of having emigrated, Jack still keeps in touch with his cousins.

Note: in the above examples it is clear who the subject of each sentence is, so there is no need to repeat the subject pronoun.

Exercise 3

Translate these sentences using the impersonal infinitive:

1 It is forbidden to smoke.
2 It was necessary to flee the drought.
3 She crossed the avenue without looking.
4 No parking here.
5 No dumping in this area.

Exercise 4

Complete the sentences with the correct form of the personal infinitive:

1 Antes de (fazer) o investimento a expansão da empresa foi lenta. (nós)
2 Depois de (introduzir) o Plano Real a inflação baixou. (o presidente)
3 É fácil para (colocar) estes planos econômicos em ação. (eles)
4 É melhor (vender) o carro, podes viajar de ônibus. (tu)
5 Viajaram muitos dias até (chegar) ao Brasil? (vocês)

Exercise 5

Many people from all regions of Brazil have come to São Paulo in search of work. You will find a translation in the key.

São Paulo emprega imigrantes de todas as partes do Brasil desde 1901. Em 1939 já havia quase 400.000 imigrantes procedentes de vários estados brasileiros trabalhando nas lavouras do Estado.

Nas décadas seguintes, as oportunidades de emprego, principalmente nas indústrias de construção e de carros, fizeram do Estado a região preferida daqueles que sonhavam com uma vida melhor.

São Paulo é hoje uma megalópolis de um multiculturalismo marcante e, dos seus 18 milhões de habitantes, 25 por cento são imigrantes. Todavia, o crescimento rápido da cidade deixou como legado uma infra-estrutura deficiente. As favelas, o trânsito caótico e a poluição são realidades cotidianas desta cidade onde milhões de pessoas ainda vivem em condições precárias.

Language point 2 ♦

Personal pronouns

In all there are five types of personal pronoun: subject, direct object, indirect object, prepositional pronouns and reflexive.

1 Subject pronouns

eu	I
tu	you
você	you
o senhor/a senhora	you (polite/respectful)
ele/ela	he/she/it
nós (a gente)	we
vocês	you (plural)
os senhores/as senhoras	you (plural)
eles/elas	they

Notes:
Você is the most widely used form of 'you'. See Forms of address in the Grammar reference.
A gente is is used colloquially and means 'we'. It takes a singular verb ending:

A gente não trouxe o talão de cheques. We didn't bring the cheque book.

2 Prepositional pronouns: these follow a preposition:

After a preposition de, para etc.	*After preposition com*	
mim	comigo	me/with me
ti	contigo	you/with you
você (si)	com você (consigo)	you/with you
ele/ela	com ele/ela	him, her/with him, her
nós/a gente	conosco/com a gente	us/with us
vocês	com vocês	you/with you
eles/elas	com eles/elas	them/with them

Está fotocopiando os papéis He is photocopying the papers for me.
para mim.

Notes: In everyday speech Brazilians prefer to use você and not ti:
Olhavam para você. They were looking at you.

Similarly they prefer to use a gente and not conosco:
Queria falar com a gente mais tarde. He would like to speak to us later.

The forms si and consigo are used mainly in the written language.
Reflexive pronouns – see Unit 4.

3 Direct and indirect object pronouns help avoid repetition in a sentence:

Enviou a carta a semana passada. He sent the letter last week.
Enviou-*a*. He sent *it*.

Direct		Indirect	
me	me	me (para mim)	to me
te	you	te (para ti)	to you
o/a	you	lhe (para você)	to you
o/a	him/her/it	lhe (para ele/ela)	to him/her/it
nos (a gente)	us	nos (para nós)	to us
os/as	you	lhes (para vocês)	to you
os/as	them	lhes (para eles/elas)	to them

Indirect object pronoun **te** (you) is often used when referring to **você** in colloquial language (and not **lhe**):

> *Você está* com fome? **Vou *te* dar uma maçã.** (note **te** and not **lhe**).
> Are you hungry? I will give you an apple.

The forms **para ... mim, ti,** etc. are preferred in everyday colloquial language.

Direct objects **o/a/os/as:**

a Following verb forms ending in **-r**: the **-r** is dropped and the direct objects become: **lo/la/los/las:**

implementar o orçamento	**> implement*á*-lo**	to implement the budget/ to implement it
ler os jornais	**> lê-los**	to read the papers/to read them
abrir uma conta	**> abri-la**	to open an account/to open it

Accents: verbs ending in **-ar** gain an acute. Those ending in **-er** gain a circumflex.

b Following an **-s** or **-z** rule a applies.

Ontem compramos os livros	**> compramo -*los***	Yesterday we bought the books. Yesterday we bought them.
Faz o jantar	**> fá-lo**	He makes dinner/he makes it.

c Following verbs ending in -m, -ão or -õe object pronouns become: **no/na/nos/nas.**

Preferred:	**Dão prêmios todo ano.**	They give prizes every year.
Unlikely to be heard:	**Dão-nos todo ano.**	They give them every year.

Note: The constructions in rules b and c are found in literary language but are very rarely used in colloquial language. The tendency is to repeat the noun.

4 Position of object pronouns in a sentence
Either before or after the verb depending on the circumstances indicated in the grammatical rules below. However, in the colloquial spoken language object pronouns tend to be placed *before* the verb regardless of the rules.

Object pronouns:

• Follow the verb, linked to it with a hyphen, in affirmative sentences and commands:

Ela escreveu-*o*.   She wrote it (**o artigo**).
Conta-*me* o que aconteceu.   Tell me what happened.

• Precede the verb when the sentence contains:

a A negative or interrogative: **nunca, não, ninguém, quem? que? onde?** etc.

Quem *me* chamou?   Who called me?

b Conjunctions such as **que, quando, se** or **como:**

O amigo que *o* ajudou.   The friend who helped him.
Quero que *me* digas a verdade.   I want you to tell me the truth.

c Adverbs such as **ainda, talvez, ontem, bastante, sempre, todos, tudo, também, muito, pouco,** etc.:

Ontem *nos* pagaram a comissão.   Yesterday they paid us the commission.

d Indefinites such as **alguém, algum, qualquer:**

Alguém me disse que ele é o Presidente.   Someone told me that he is the President.

Exercise 6

a Replace the words in brackets with a direct object pronoun then translate the sentences into English.

1 Ele _____ empregou (os imigrantes italianos).
2 Eu _____ conheço (as regiões do Brasil).
3 Ele sempre _____ fez (os discursos).
4 Vou resolver _____ (o trânsito caótico).
5 Muitas pessoas não _____ têm (casas).
6 O agricultor _____ plantou (as sementes).
7 Os médicos _____ socorreram (a minha amiga e eu).
8 A indústria brasileira não _____ fabricou (carros de luxo).

b Translate these sentences into English:

1 Os meus avós me compraram um carro.
2 Você lhe deu alguns morangos?
3 Ela explicou-lhes os costumes brasileiros.
4 Os meus pais contaram uma história para nós.
5 A comunidade te emprestou o dinheiro?

c Translate these sentences substituting the prepositional pronouns **para** and **com** for the words in italics:

1 The engineers built the house *for her*.
2 We explained *to him* how to grow coffee.
3 Are you coming to the office *with me*?
4 The bank manager opened the account *for them*.
5 She gave her address *to the director*.
6 I will do this *with you*. (você)

d Unscramble, then translate these sentences into English:

1 Nunca nos ajuda ofereceu
2 Cumprimentou alguém me
3 Lhes quem a casa? vendeu
4 Assinei recebi os assim que documentos os
5 Nos chaves entregaram hoje as do carro
6 Se te dinheiro for darei preciso mais

Dialogue 1 〰🔊 (CD2; 35)

Alessandra, a reporter from a financial magazine is interviewing Eduardo, a professor of economics, about the economic fortunes of Brazil.

Exercise 7

Before reading Dialogue 1 match the first column with the second column of phrases from it:

1 a taxa de juros muito alta	_____ the expansion of the economy
2 a inflação baixou	_____ an economic measure
3 controlar a hiperinflação	_____ the very high interest rate
4 empréstimos	_____ inflation went down
5 uma medida econômica	_____ price freezes
6 a expansão da economia	_____ to control hyper-inflation
7 o congelamento dos preços	_____ loans

ALESSANDRA   Então Eduardo, o que aconteceu durante as décadas de 1970 e 1980?

EDUARDO   O Governo colocou em ação vários planos econômicos de emergência para controlar a hiperinflação, tais como o congelamento dos preços e dos salários e a introdução de nova moeda, o cruzado.

ALESSANDRA   E o que você acha do Plano Real introduzido em 1994?

EDUARDO   Considero a introdução do Plano Real uma medida econômica que deu certo porque depois dele, a inflação baixou e o investimento externo adquiriu força.

ALESSANDRA   Para alguns economistas a taxa de juros muito alta, o aumento dos impostos e o desemprego têm afetado a expansão da economia, isto sem mencionar a dívida brasileira. Você acha que o Brasil tem condições de competir internacionalmente e voltar a crescer?

EDUARDO   Sem dúvida! Naturalmente, sabemos que a dívida brasileira é muito alta. Os empréstimos do FMI chegam a bilhões de dólares. Apesar disso, é bom lembrar que a economia brasileira é a maior da América Latina. O Brasil será um dos mais fortes competidores do mundo!

FMI   Fundo Monetário Internacional.
See www.bcb.gov.br Banco Central do Brasil – Ministério da Fazenda.

Exercise 8

Read Dialogue 1 then translate these sentences:

1 Very high interest rates and unemployment.
2 Foreign investment increased and inflation went down.
3 Rising unemployment has been affecting the expansion of the economy.
4 For some economists, the interest rate is very high.
5 Price and salary freezes and the introduction of a new currency.
6 A successful economic measure.

Exercise 9

Answer these questions on Dialogue 1 in Portuguese:

1 When and why did the government put into action various emergency economic plans and what examples are mentioned in the text?
2 What effect did the Plano Real have on the economy?
3 What do the IMF (International Monetary Fund) loans amount to?
4 According to Eduardo, what does the future hold for Brazil's economy?

Exercise 10

Vamos escrever e falar

Read the Informações importantes below and role-play the parts of a client and a financial advisor.

Cliente: You want to know:

1 If R$500 is enough to open a current and savings account (**conta corrente/poupança**)

2 Which documents you will need to produce.
3 The monthly rate (**a taxa mensal**) for a credit card (**um cartão de crédito**).
4 How to arrange a loan (**um empréstimo**) to buy a new computer.

Consultor financeiro: Answer the client's questions giving as much detail as possible.

Informações importantes

- Depositar um valor mínimo para abrir a sua conta. O valor varia de banco para banco, alguns só pedem um valor simbólico.
- Apresentar o seu RG (Registro Geral de identificação, que é a sua carteira de identidade) ou CIC (Cartão de Inscrição do Contribuinte).
- Comprovar a sua residência: conta de água, luz, etc.
- Dar o nome da empresa onde trabalha – basta apresentar o 'olerite' que é o comprovante de pagamento do seu salário.
- A taxa mensal do cartão de crédito é variável; 7,4 por cento ao mês é uma boa taxa.
- Se você pensa em fazer um empréstimo para comprar um carro ou um novo computador, utilize o CDC (crédito direto ao consumidor). A taxa máxima para empréstimos é 3,3 por cento.

Vocabulary ♦

suficiente	enough
valor mínimo (m)	minimum amount
abrir uma conta bancária	to open a bank account
quais documentos preciso	which documents do I need
contribuinte (m/f)	contributor
comprovar	to prove
olerite (m)	payslip
fazer um empréstimo	to arrange a loan
crédito direto ao consumidor	consumer direct credit
solicitar um cartão de crédito	to apply for a credit card
checar o saldo	to check the balance

Você sabia?

A população das favelas no Brasil é de mais de 6 milhões. Vários programas sociais e de urbanização têm dado a estas comunidades melhores condições de habitação. Por exemplo, *o Favela Bairro*, um programa projetado para transformar as favelas em bairros legítimos, com serviços urbanos e direitos de propriedade. A Arte na Favela, Basquete de Rua, Oficinas de Teatro e Viva Favela, são exemplos de iniciativas sociais introduzidas.

www.favelarising.com/default.php
www.vivafavela.com.br

11 Política, comunicação e mídia

In this unit you will learn about:

▶ elections and political parties
▶ the subjunctive (1)
▶ using information technology
▶ television and the press
▶ telephoning

In the months preceding the presidential elections (**eleições presidenciais**) posters (**cartazes**), banners (**faixas**), leaflets (**folhetos**) and stickers (**adesivos**) are seen at political rallies (**comícios**) all over Brazil.

Exercise 1

Read these **faixas** and translate them into English.

1
> **Governo honesto-Proteção aos nossos recursos naturais**
> Decida com seu voto o futuro do Brasil
> *Vote no candidato certo: BBBBrasil para Presidente*

2
> **Vote com responsabilidade!**
> Vote no candidato que promete e cumpre!
> Vamos juntos construir o Brasil
> Brasilino Brasileiro no. 010102

Exercise 2

The Green Party (**Partido Verde**) is one of the political parties (**partidos políticos**) gathering support in Brazil. Six of the fundamental values they base their policies on are below. Match them to their English equivalents.

1 a ecologia – a preservação do meio ambiente
2 a cidadania – respeito aos direitos humanos
3 a democracia – governo do povo e para o povo
4 a justiça social – vida digna
5 a liberdade de expressão
6 o poder local – participação da comunidade

_____ democracy – government by the people and for the people
_____ citizenship – respect for human rights
_____ local power – community participation
_____ social justice – dignity in life
_____ ecology – the preservation of the environment
_____ freedom of expression

Exercise 3

Vamos escrever e falar

1 Based on the sentences below (translations in the key) and some of the values listed in Exercise 2, choose a political party and write your own **faixa** in Portuguese for a coming election.

A saúde do povo – prioridade – vamos investir na educação
Para todos os brasileiros – combater a corrupção
A nossa meta – promover – acabar com a violência
Agricultura – produzir – mais empregos

> Some political parties in Brazil:
>
> **PT** – Partido dos Trabalhadores; **PSDB** – Partido da Social Democracia Brasileira; **PSL** – Partido Social Liberal; **PDT** – Partido Democrático Trabalhista; **PSDC** – Partido Social Democrático; **PSOL** – Partido Socialismo e Liberdade; **PV** – Partido Verde; **PMDB** – Partido do Movimento Democrático Brasileiro

2 Watch the Green Party's campaign (**Campanha do PV**) online: http://www.pv.org.br/ then click on **veja o programa na TV**. Using some of the ideas you see, write in Portuguese the opening lines of a manifesto you are going to deliver at your first rally.

Text 1 🔊 (CD2; 37)

Thousands went to the polls in 2006 to choose the new government as well as the new Brazilian President.

Exercise 4

a Match these phrases from Text 1 in the first column to the second column:

1 foram às urnas	_____ sanitation
2 um segundo mandato	_____ economic policies
3 vitória esmagadora	_____ the campaign theme
4 saneamento	_____ landslide victory
5 renda	_____ a second term of office
6 o tema da campanha	_____ went to the polls
7 os pacotes econômicos	_____ revenue/wealth

Eleições presidenciais de 2006

O tema da campanha das Eleições Presidenciais de 2006 no Brasil foi a Economia. Aproximadamente 126 milhões de brasileiros foram às urnas no dia das eleições para escolherem o novo Presidente da República. Reeleito para um segundo mandato, Luiz Inácio (Lula) da Silva, obteve 60 por cento dos votos. Uma vitória esmagadora!

Em janeiro de 2007, Lula apresentou o pacote de medidas de crescimento econômico do seu governo. Além do aumento do salário mínimo para R$380, os pacotes econômicos incluíram: investimentos em energia, transporte, habitação e saneamento. Os objetivos do seu governo são estimular o desenvolvimento, gerar mais empregos e uma melhor distribuição de renda.

b Translate the text into English.

Language point 1 ♦

The simple subjunctive

The subjunctive expresses uncertainty and possibility.

Talvez ele possa liderar o partido.
Perhaps he can lead the party.

It indicates something that is not yet reality and frequently appears in subordinate clauses.

Ele pode liderar, *contanto que* seja honesto.
He can lead, *provided that* he is honest.

1   The present subjunctive follows expressions that convey *feelings, doubts, wishes, desires*. The verb in the main clause will be in the present indicative.

Espero que o Ministério da Fazenda *use* bem o dinheiro do povo.
I hope that the Treasury uses the people's money well.

Forming the present subjunctive: remove the o ending of the first person singular (**eu**) in the Present indicative:

	cantar	vender	partir
eu	cant*o*	vend*o*	part*o*

And add, for verbs ending in:

-ar cantar: cant*e* cant*es* cant*e* cant*emos* cant*eis* cant*em*
-er vender: vend*a* vend*as* vend*a* vend*amos* vend*ais* vend*am*
-ir partir: part*a* part*as* part*a* part*amos* part*ais* part*am*

Duvido que a oposição *confronte* o candidato (confrontar).
I doubt that the opposition will confront the candidate.

É provável que a votação *aconteça* mais cedo (acontecer).
It's probable that voting will take place earlier.

Esperamos que os ministros *decidam* sobre a segurança nacional (decidir).
We hope that the ministers (will) decide about national security.

These verbs are irregular in the present subjunctive:

dar	to give	(que) dê dês dê demos deis dêem
estar	to be	(que) esteja estejas esteja estejamos estejais estejam
ir	to go	(que) vá vás vá vamos vades vão
querer	to want	(que) queira queiras queira queiramos queirais queiram

saber	to know	**(que) saiba saibas saiba saibamos saibais saibam**
ser	to be	**(que) seja sejas seja sejamos sejais sejam**
haver	to have	**(que) haja hajas haja hajamos hajais hajam**

Exercise 5

Write sentences in the present subjunctive following the example below:

espero/diretora/convidar/prefeito/festa
Espero que a diretora *convide* o prefeito para a festa.

1   é necessário/secretário de educação/abrir/mais escolas
2   esperamos/candidata do PT/ser vitoriosa
3   é importante/todos nós/decidir/isto
4   é possível/governo/aumentar/salário dos trabalhadores
5   espero/nova lei/acabar com/violência
6   é melhor/políticos/conhecer*os problemas
7   duvido/mídia/estar presente

* See Unit 9, Language point 4, orthography-changing verbs.

2   The imperfect (past) subjunctive is used in the same circumstances as the present subjunctive. The verb in the main clause will be in a past tense (imperfect indicative or preterite).

O eleitor *pensava* que o candidato *ganhasse* a eleição.
The voter thought that the candidate would win the election (we don't know yet).

O eleitor *pensou* que o candidato *ganhasse* a eleição.
The voter thought that the candidate would win the election (but he didn't).

a   The imperfect subjunctive often follows **se** and **quando** and expresses something which is contrary to fact. The verb in the main clause will be in the imperfect indicative or the conditional:

Se fosse uma pessoa honesta *ganhava* muitos votos.
If I was an honest person I would win lots of votes.

Seguiria a carreira política *quando terminasse* o curso.
He would follow a career in politics when he finished the course.

b   Forming the imperfect subjunctive: remove the **-ram** ending from any preterite third person plural and add:

-sse   -sses   -sse   -ssemos   -sseis   -ssem

	cantar	*vender*	*partir*
eles	canta*ram*	vende*ram*	parti*ram*

cantar: canta*sse* canta*sses* canta*sse* cantá*ssemos* cantá*sseis* canta*ssem*

vender: vende*sse* vende*sses* vende*sse* vendê*ssemos* vendê*sseis* vende*ssem*

partir: parti*sse* parti*sses* parti*sse* partí*ssemos* partí*sseis* parti*ssem*

* An accent is added in the **nós/vós** persons to indicate where the stress falls.

Ganharia a eleição se *falasse* **a verdade.**	He would win the election if he spoke the truth.
Responderiam quando . *recebessem* **a carta.**	They would reply when they received the letter.
Ele duvidava que os **repórteres** *viessem.*	He doubted that the reporters would come.

c   In colloquial language the imperfect of **ir** plus infinitive is sometimes used in place of the conditional or imperfect in the main clause:

Se ele chegasse cedo, *ia conhecer* (*conheceria*) **o ministro.**
If he arrived early, he would meet the minister.

Exercise 6

Change the verbs in brackets to the imperfect subjunctive to complete these sentences:

1   Ela duvidava que o governo (ser) democrata.
2   Ele apoiaria o projeto se o comitê (assinar) o documento.
3   Seria mais interessante se nós (trocar) informações pelo webcam.
4   Seria melhor que os professores (conversar) com os ministros.
5   Se o diretor da empresa (chegar) cedo conheceria o Presidente.
6   Enviaríamos um email se (ter) o endereço do governador.

3   The future subjunctive follows **se, quando, assim que, logo que, como,** etc., and refers to a future action or event. The verb in the main clause will be in the future indicative.

Começaremos a obra quando o prefeito *aprovar* o projeto.
We will begin the work when the mayor approves the project.

Forming the future subjunctive: remove the **-ram** ending from any preterite third person plural and add:

-r -res -r -rmos -rdes -rem

	cantar	*vender*	*partir*
eles	canta*ram*	vende*ram*	parti*ram*

cantar: canta*r* canta*res* canta*r* canta*rmos* canta*rdes* canta*rem*
vender: vende*r* vende*res* vende*r* vende*rmos* vende*rdes* vende*rem*
partir: parti*r* parti*res* parti*r* parti*rmos* parti*rdes* parti*rem*

Ganhará a eleição se *falar* a verdade. He will win the election if he speaks the truth.

Responderão quando *receberem* a carta. They will reply when they receive the letter.

Quando elas *vierem* começaremos a festa. When they come we will start the party.

Exercise 7

Put the verbs in brackets into the future subjunctive to complete these sentences:

1 Quando nós (terminar) esta campanha, iniciaremos outra.
2 Se vocês (falar) ao microfone, poderei começar a gravação.
3 Se nós (assistir) ao comício, compreenderemos melhor o partido.
4 Logo que eles (chegar) começará o discurso do senador.
5 As pessoas se sentirão mais felizes quando (viver) em paz.
6 Se eles não (mostrar) o documentário no canal 4, alugaremos um DVD.

Exercise 8

A tecnologia de informação   Information technology

There are more than 18 million internet (**a internet**) home users in Brazil, 10.2 million of which access the internet via broadband (**a banda larga**). Read the online exchange between Erika and Isa then answer these questions in English:

1 What is the event about and where is it being held?
2 What justifies the presence of the Secretário de Educação?
3 Why does Isa suddenly become interested in the event?
4 Is Erika expecting a reply by letter?

Erika: Oi, está a fim de vir a uma festa na minha escola?

Isa: Depende. O que é que vai rolar?

Erika: Inauguração do nosso laboratório de informática.

Isa: Quando?

Erika: No dia 24 de maio. O Secretário de Educação é quem vai cortar a fita de inauguração.

Isa: Parece chato . . .

Erika: É . . . ele vai fazer um discurso.

Isa: Não diga?! . . .

Erika: Tem mais. Vamos trocar informações pelo webcam com Gilberto Gil.

Isa: Ah, o Ministro da Cultura?

Erika: Acertou. O que vai ser legal: vamos ler o blog de uma escola no Paraná.

Isa: Ah, estou ficando interessada . . . Que horas começa?

Erika: 6:30. Espero que você venha.

Isa: Posso levar uma amiga?

Erika: Convida a Ana.

Isa: Vou pensar . . .

Erika: Mande uma mensagem de texto pelo celular confirmando, tá bom?

Vocabulary ♦

rolar	to roll/happen
laboratório de informática	computer laboratory
cortar a fita	cut the ribbon/inaugurate
chato	boring
discurso (m)	speech
mensagem de texto (f)	text message

See http://idgnow.uol.com.br/ for computing and information technology, such as: free software (**software livre**), mobile/cell phones (**celulares**) and digital media (**mídia digital**).

Exercise 9

Vamos escrever

Pretend you are Isa and write a text message in Portuguese confirming that you are going to the opening but Ana is not – she is: visiting her mother/ill/going out with her boyfriend, etc. – and say that you will meet Erika at the school gates (**portão da escola**) at 6pm.

A televisão

A Globo is the largest TV network (**rede de Tevê**) and media group in Brazil. TV Record, Bandeirantes, SBT, TV Cultura and MTV Brasil are some of the other networks.

Exercise 10

a
Match these terms from column 1 to column 2 relating to television:

1 o programa humorístico	_____ documentary
2 o show de discussão	_____ soap (opera)
3 o programa político	_____ talk show
4 a minissérie	_____ news
5 o documentário	_____ political programme
6 a (tele)novela	_____ comedy programme
7 o noticiário	_____ mini-series
8 o/a apresentador/a	_____ cable TV
9 o cinegrafista	_____ viewers
10 TV a cabo	_____ presenter
11 os telespectadores	_____ camera man

b Vamos falar
You are a programme assistant (**assistente de programação**) who has developed a new TV show (your choice). Convince the network director to include your show in the weekly line up of programmes.

In Brazil, **novelas** (soaps) are very popular. Read more about them at: http://www.folha.com.br/ilustrada/novela

Watch live broadcasts (**câmera ao vivo**) or listen to live radio (**ouça a rádio ao vivo**) http://jovempan.uol.com.br/jpamnew/aovivo//

Exercise 11

Replace the arrows with suitable linking words and also translate the verbs in brackets into Portuguese, to form complete sentences.

Example:

A primeira transmissão > televisão > Brasil (acontecer) 18 > setembro > 1950 > (ser realizada) pela TV Tupi > São Paulo.

A primeira transmissão *de* televisão *no* Brasil *aconteceu em* 18 *de* setembro *de* 1950 *e foi realizada* pela TV Tupi *de* São Paulo.

1 Poucas horas antes > estréia > TV brasileira, > das câmeras (pifar) > o programa 'TV na TABA' (ir) ao ar só > uma câmera.
2 A primeira transmissão > TV (ser assistida) através > 200 aparelhos importados > Assis Chateaubriand, o pioneiro > comunicação > Brasil.
3 A primeira copa ao vivo > TV Globo (ser) a Copa Mundial > Futebol > Inglaterra > 1966.
4 A primeira transmissão via satélite (ocorrer) > 1969 > (mostrar) o lançamento > Apollo IX.
5 A televisão > cores > Brasil (começar) > março > 1972.
6 Calcula-se que o Brasil (ter) mais > 60 milhões > aparelhos > TV.

Situation 1 ◁🎧 (CD2; 41)

A imprensa   The press

The Brazilian press is 200 years old with around 500 newspapers being published daily.

Exercise 12

Before listening to the recording, read the text and note down in Portuguese:

1   A data de publicação do primeiro jornal no Brasil.
2   O nome do jornal e se a imprensa escrita era livre.
3   Como os brasileiros tinham acesso a esse jornal.
4   Título e frequência do jornal oficial.

O primeiro jornal brasileiro, o *Correio Braziliense*, começou a circular no dia 1º de junho de 1808. O jornal era editado em Londres e entrava clandestinamente no Brasil porque, até então, a impressão e a circulação de jornais e livros eram proibidas. A coroa portuguesa temia que os ideais de liberdade, igualdade e fraternidade pregados na França fossem difundidos no Brasil.

Com a vinda da família real para o Brasil, Dom João VI criou a imprensa oficial e o primeiro jornal da corte passou a ser a *Gazeta do Rio do Janeiro*, uma edição semanal de apenas quatro folhas que começou a circular em 1808.

A imprensa escrita continua a ser um dos meios predominantes de comunicação e hoje o Brasil publica mais de 460 jornais diários e cerca de 1.600 revistas mensalmente.

Alguns jornais brasileiros

O Jornal do Brasil	www.jornaldobrasil.com.br
O Globo	www.oglobo.com.br
O Estado de São Paulo	www.estadao.com.br
A Folha de São Paulo	www.folha.com.br

Algumas revistas brasileiras

Veja	www.veja.com.br
Época	http://revistaepoca.globo.com/
Isto é	www.istoe.com.br
Placar	www.placar.com.br
Contigo	www.contigo.com.br
Caras	www.caras.com.br

Exercise 13

Match the words in the second column to their equivalents in Portuguese in the first column:

1 o título do jornal	_____	newspaper sections
2 a edição	_____	newspaper title
3 a manchete	_____	contents
4 a legenda	_____	the headline
5 a coluna	_____	national news
6 o título da notícia	_____	news title
7 a chamada	_____	the latest news
8 o índice	_____	local news
9 o jornal eletrônico	_____	e-newspaper
10 os cadernos do jornal	_____	newsagent
11 reportagem local	_____	caption
12 notícia nacional	_____	the editorial staff
13 os redatores	_____	sub-headline
14 as últimas notícias	_____	column
15 o jornaleiro	_____	the edition/issue

O telefone   The telephone

Telephone communications started in Brazil in 1877 when Dom Pedro II ordered the connection of telephone lines between the Palácio da Quinta da Boa Vista (RJ) and the residences of his Ministers.

Dialogue 1   (CD2; 43)

Richard arrives at Guarulhos Airport in São Paulo and buys a telephone card to call his friend Diogo.

Exercise 14

a
Listen to the dialogue then role-play the parts.

RICHARD   Vendem cartões telefônicos?
LOJISTA   Com quantos créditos, 40?
RICHARD   Pode ser . . . é suficiente para falar quanto tempo?
LOJISTA   Até 80 minutos em ligações locais. Atrás do cartão estão as instruções.
RICHARD   Para ligar para Cataguases tenho que inserir o cartão e depois digitar qual número?

LOJISTA Há muitos códigos de prestadoras, mas a maneira mais fácil de fazer uma chamada para outra cidade é usar o código da Embratel* (21). De São Paulo para Cataguases, Minas Gerais você digita 0, depois 21, em seguida 32 que é o código da cidade.

RICHARD Ah, sei. Depois o número do meu amigo: 3422-2665.

LOJISTA Isto.

. . .

RICHARD Alô Diogo!

DIOGO Alô Richard! Que bom que você chegou! Fez boa viagem?

* Empresa brasileira de telecomunicações
Note: Brazilians usually read the number 6 as **meia** which means 'half a dozen'.

Vocabulary ◆

ligações/chamadas (fp)	telephone calls
digitar o número	to key in the number
códigos de prestadoras (mp)	telephone provider codes
chamada a cobrar	to make a collect/reverse charge call

b Vamos falar

In Portuguese tell your 'mineiro' friend the following:

1 The journey was very good but you are very tired.
2 You are going to buy a bus ticket to Cataguases for tomorrow.
3 You are going to email him from the hotel to let him know at what time you are arriving in Cataguases.

Para informações sobre códigos e chamadas telefônicas em geral: *Lonely Planet Brazil*; *Guia 4 Rodas*. ver também: http://www.embratel.com.br and www.brasil.gov/país/você_sabia

Exercise 15

Find these words inside the **caça-palavra** (word search) below:

televisão telejornal mídia vídeo livros manchetes novela embratel blog notícia via satélite futebol terra internet urna voto telefone filme celular time brasil cinema democracia programa email rádio

T	E	L	E	J	O	R	N	A	L	V	B	V
E	B	A	I	D	I	M	L	R	S	E	L	I
L	B	M	V	I	D	E	O	R	L	M	O	A
E	L	A	A	B	A	R	B	E	R	B	G	S
V	I	N	T	E	R	N	E	T	U	R	N	A
I	V	C	B	B	R	O	T	A	S	A	O	T
S	R	H	O	T	O	V	U	I	L	T	T	E
A	O	E	T	E	L	E	F	O	N	E	I	L
O	S	T	B	E	M	L	I	F	B	L	C	I
B	C	E	L	U	L	A	R	B	E	M	I	T
L	I	S	A	R	B	C	I	N	E	M	A	E
R	D	E	M	O	C	R	A	C	I	A	A	B
P	R	O	G	R	A	M	A	E	M	A	I	L

Você sabia

As eleições no Brasil são sempre combinadas. Nas últimas eleições de Outubro de 2006, os brasileiros foram às urnas para escolher os candidatos aos cargos de Governador do Estado, Senador, Deputado Federal e Estadual e Presidente. A contagem dos votos no Brasil é totalmente computadorizada. A nova tecnologia foi usada pela primeira vez nas eleições municipais de 1996 e no ano 2000, as urnas eletrônicas foram usadas em todo o país.

12 A ecologia e os índios brasileiros

In this unit you will learn about:

▶ the Amazon Rainforest
▶ FUNAI (Fundação Nacional do Índio)
▶ recycling
▶ formation of words
▶ the subjunctive (2)

Text 1 [🎧] (CD2; 44)

*Within two and a half acres of the Amazon Rainforest (a **Floresta Amazônica**) there can be around 700 tree species, as well as some 400 species of birds. Preserving this amazing habitat has become a priority for the Brazilian government.*

Exercise 1

a   Read Text 1 and then match the first column with the second column:

1 graves conseqüências ambientais	_____ under constant threat
2 desmatamento	_____ non-sustainable agriculture
3 sob constante ameaça	_____ serious environmental consequences
4 extração madeireira e de minérios	_____ deforestation
5 agricultura não-sustentável	_____ wood and mineral extraction

b   Now listen to the recording.

A luta pela preservação da Floresta Amazônica

A riqueza natural do Brasil, país de maior diversidade biológica do mundo, está sob constante ameaça. Segundo estimativas oficiais, mais de 12 por cento da área original da Floresta Amazônica já foi destruída e, calcula-se que, até 2020, 25 por cento da sua cobertura nativa terá desaparecido.

O desmatamento causado pela agricultura não-sustentável, tem trazido graves conseqüências ambientais. Além disso, a extração madeireira e de minérios e a instalação de usinas hidrelétricas têm provocado a erosão do solo e a contaminação dos rios com mercúrio. Há vários programas governamentais para a preservação da Floresta Amazônica mas o monitoramento de áreas imensas e a falta de envolvimento das populações locais, tornam o trabalho da proteção da Floresta extremamente difícil.

Visit www.wwf.org.br for articles on the environment.

Exercise 2

In Portuguese, answer these questions on Text 1:

1 What is under constant threat in Brazil?
2 What is expected to happen by 2020?
3 What activities are causing soil erosion and river contamination?
4 What difficulties is the government facing in trying to protect the Rainforest?

Exercise 3

Vamos falar

You are an environmentalist (**um/a ambientalista**) attending a conference about climate changes (**as mudanças climáticas**) and the protection of wildlife (**a proteção dos animais silvestres**).

From the list below choose the ecological measures (**as medidas ecológicas**) you believe would be the most vital in helping to prevent further environmental and wildlife damage.

Make statements in Portuguese with the help of the list, such as:

penso que/acho que um dos desafios mais sérios enfrentados pelos governos do mundo é . . . /é possível . . . /não é uma tarefa fácil . . .

impedir a devastação da floresta	to prevent the devastation of the Rainforest
promover o desenvolvimento sustentável	to promote sustainable development
conservar a biodiversidade	to conserve biodiversity
proteger a Floresta Amazônica	to protect the Amazon Rainforest
estabilizar as emissões dos gases	to stabilize gas emissions
controlar o efeito estufa	to control the greenhouse effect
conservar o meio ambiente	to preserve the environment
não poluir os rios	not to pollute the rivers
evitar os danos irreversíveis	to avoid irreversible damage
respeitar a natureza	to respect nature
evitar a caça de espécies ameaçadas de extinção	to avoid hunting endangered species

The plant symbol of Amazônia is the **vitória-régia**, whose spectacular flowers open only at night. It was discovered in 1801 by the naturalist Thaddäus Haenke and named after Queen Victoria in 1837 by the English horticulturist John Lindley.

You can see a photograph of the flower, as well as many other amazing photographs at: Veja online http://veja.abril. com.br/idade/exclusivo/amazonia/curiosidades.html.

Dialogue 1 　⏹)🎧　(CD2; 47)

*Paulo, a Brazilian anthropologist, (**antropólogo**) is in a television studio being interviewed for a documentary about indigenous people in Brazil. Here is part of the discussion.*

JORNALISTA　. . . Então Paulo, quantos índios viviam no Brasil na época do descobrimento?

PAULO　Havia 6 milhões. Agora, 500 anos mais tarde, há apenas 300 mil.

JORNALISTA　E quantas línguas indígenas eram faladas naquela época?

PAULO　Quando os portugueses chegaram ao Brasil, havia em torno de 1.300 línguas indígenas. Atualmente, só restam 170.

JORNALISTA　Ouvi dizer que, hoje em dia, dois em cada três índios brasileiros vivem nas reservas indígenas da Amazônia. É verdade Paulo?

PAULO　Exato, isto corresponde a 170.000 índios vivendo num território equivalente a quase três Alemanhas!

JORNALISTA　É muita terra, não é? E ainda há grupos indígenas que nunca tiveram contato com a vida moderna?

PAULO　Pelo menos 50 grupos ainda vivem isolados na região amazônica sem contato com a civilização tecnológica.

Exercise 4

Read Dialogue 1 then listen to it.
 In Portuguese, can you say whether the following are true or false:

1 When the Portuguese discovered Brazil the population of indigenous people was 300,000. _____
2 The number of languages was 1,300 but it is now 170. _____
3 For the most part the indigenous population lives on reservations
 in the Amazon region. _____
4 The territory they live on is equivalent to two Belgiums. _____
5 All indigenous groups are in contact with the civilized world.
 _____

Two excellent sites on povos indígenas in Brazil: http://www.socioambiental.org/pib/
portugues/indenos/indecol.shtm http://educaterra.terra.com.br/almanaque/indios_2.htm

Exercise 5

Translate into Portuguese:
 The National Foundation of Indigenous Peoples (FUNAI) is a
government organization responsible for regulating and defending
the legal rights of Brazilian indigenous groups. FUNAI helps to super-
vise their land, protect their culture and their traditions and to
make society aware of indigenous people and their causes. Various
organizations linked to FUNAI carry out health and education programmes and also help to promote indigenous art.

See: http://www.funai.gov.br/ for more information

One of the things you will notice when you first visit Brazil is that
many cities, rivers, public areas, mountains and streets have
Indian names. For example:

Ipanema = **água ruim**   bad water
Itamaraty = **água entre pedras claras** water between clear stones
Curitiba = **muitos pinhos**   many pine trees

The prefix **-ita** = **pedra** (rock/stone) is one of the most common:

Itabira = **rocha brilhante**   shiny rock

Exercise 6

In Curitiba young Brazilians took to the streets dancing the samba and singing to publicize the need to protect the forests and oceans of the world. Here are the words of their song.

1   Translate the words of Samba Pela Vida into English.
2   Sing along at: http://www.greenpeace.org.br/jovenspelasflorestas/samba.php

SAMBA PELA VIDA
Nosso sonho
É ver as florestas no lugar
Ver pra sempre
O uso sustentável dessa herança milenar

Toda a vida sendo protegida
Em rios, matas, terra e mar
Aqui ninguém quer mais tristeza
Só quer ter razões pra festejar

Pra o clima não mudar
E a Terra não morrer
Vamos nos esforçar
Rever nosso jeito de viver

E os povos da floresta
Propõem uma saída
E vêm participar também
Deste samba pela vida

Cantamos hoje pra depois ninguém chorar
Para convencer governos, mentes, corações
Que sem vontade e grana* não vamos deixar
Biodiversidade pras futuras gerações
Lyrics by Léo Viana and Rubinho da Costa

* money (slang)

Exercise 7

Vamos escrever

Using the song lyrics above as a guide, write a banner in Portuguese (**um cartaz**) to stimulate interest in protecting the environment (**proteger o meio ambiente**).

Text 2  (CD2; 49)

In São Paulo, Brazil's biggest city, recycling is always going to be a challenge.

A reciclagem

Os paulistanos produzem mais de 15.000 toneladas de resíduos diariamente, o equivalente a 72 aviões cargueiros. 10 por cento do lixo vai para uma usina de compostagem e é transformado em adubo e 5 por cento é reciclado. O resto é depositado em aterros. A produção de detritos está associada ao desenvolvimento econômico. No caso de São Paulo por exemplo, a quantidade de lixo cresceu 13 por cento depois do Plano Real, quando a inflação caiu e o poder de compra aumentou. O volume de sujeira é tambem reflexo de diversas mudanças nos hábitos de consumo, por exemplo, o uso de embalagens plásticas. Em São Paulo há 18 pontos de reciclagem espalhados pela cidade. Há grupos ecológicos, associações de moradores, supermercados e até unidades do Corpo de Bombeiros que fazem a coleta seletiva. Antes de levar o lixo, é preciso separar plástico, vidro, alumínio e papelão em embalagens diferentes.

Vocabulary ♦

resíduos/lixo/detritos	waste/rubbish/garbage
adubo (m)	fertilizer
aterros (mp)	landfill sites
embalagem (f)	packaging

espalhado   spread
papelão (m)   cardboard

In Brazil, as well as council refuse collectors – **os lixeiros**, there are many individual refuse collectors – **os catadores de lixo**, who make a living out of collecting recyclable rubbish – **o lixo reciclável**. This ranges from bottles to cardboard to items of furniture.

Exercise 8

Re-read Text 3 about recycling in São Paulo and mark the following statements as true or false:

1 There are more than 18 recycling points throughout the city. _____

2 The amount of daily waste is the equivalent of 72 oil tankers. _____

3 The production of rubbish is associated with poverty. _____
4 Some rubbish is made into fertilizer at a waste recycling plant. _____

5 The use of plastic packaging has led to less waste. _____
6 Before rubbish is collected it has to be sorted. _____

Exercise 9

Vamos falar

You are a teacher in a college. It is Recycling Week – **Semana de Reciclagem**. You want your students to be aware of the importance of reducing, re-using and recycling – **reduzir, reutilizar e reciclar**. What simple measures would you encourage students to take in each of the three categories?
    For example:

recycle Christmas cards in the art class – **reciclar cartões de Natal na aula de artes**.

Think of different types of waste such as: garrafas, plásticos, latas, roupas, sapatos, revistas, jornais, metal, óleo, madeira, etc.

For information on the social, environmental and economic benefits of recycling, see: http://www.recicloteca.org.br/ and click on 'materiais recicláveis'.

Language point 1 ♦

Formation of words

In Portuguese, prefixes (**prefixos**) and suffixes (**sufixos**) are elements that combine with the root (**radical**) of a word. These are called morphemes (**morfemas**) and they are used to build other words. For example, from the radical **produt** are derived the words **produto/produção/produtora/produtivo** and **improdutivo** (-**im** is a prefix and -**ivo** is a suffix).

Exercise 10

The sets of words below are derived from the same root. Following the example, fill in the missing letters to form a new word:

ecologicamente – ecologista – ecologia	E	C	O	L	Ó	G	I	C	O
1 ambiência – ambiental – ambientada		M			E	N		E	
2 biológico – biologicamente – biólogo	B			L	O		I		
3 verde – verdura – verdejante		E		D	U	R		R	O
4 mar – marítimo – marinheiro			R		N	H			
5 planta – plantação – plantador	P			N	A		A		
6 reciclar – reciclagem – reciclável	R			I	L	A		O	
7 insustentável – sustentação – sustentar			S		E		O		
8 territorial – terra – território		E		R	S			E	
9 região – regionalmente – regionalismo		E	G	O		A			
10 naturalizar – natural – naturalizado		A			R		A		
11 conservar – conservação – conservatório	C				E	R	A		O

Projetos SOS – Mata Atlântica

By 'Clicking on a Tree' on www.clickarvore.com.br you can support the reforestation (**o reflorestamento**) of the Mata Atlântica area of Brazil.

Language point 2 ♦

The compound subjunctive

The present perfect, past perfect and future perfect subjunctives are made up of the verb **ter** in the present, imperfect or future simple subjunctive plus past participle. The compound subjunctive is used in the same circumstances as the simple subjunctive. (Revise Unit 11.)

1 Present perfect subjunctive (past situation):

> **Tenha, tenhas, tenha, tenhamos, tenhais, tenham** + past participle (**falado, lido** etc.)

> **Não acho que ela tenha visto as tartarugas marinhas.**
> I don't think she has seen the sea turtles.

2 Past perfect subjunctive (past action previous to another past action):

> **Tivesse, tivesses, tivesse, tivéssemos, tivésseis, tivessem** + past participle

> **Ele duvidou que elas tivessem reciclado o papel.**
> He doubted that they had recycled the paper.

3 Future perfect subjunctive (future action prior to another future action):

> **Tiver, tiveres, tiver, tivermos, tiverdes, tiverem** + past participle

> **Se nós tivermos terminado a reunião antes das 11, iremos ao zoológico.**
> If we have finished the meeting before 11, we will go to the zoo.

Exercise 11

Put the verbs in brackets into the present perfect subjunctive to complete these sentences:

1 Duvido que você (ter/pescar) um pirarucu.*
2 Desejo que as novas leis (ter/proteger) o povo.
3 Acredito que o efeito estufa (ter/interferir) na mudança de temperatura.
4 É provável que a exploração das madeiras de lei (ter/contribuir) para a devastação da Amazônia.
5 Todos esperam que o projeto da FUNAI (ter/ser) bem sucedido.
6 Acho que muitas espécies nativas (ter/beneficiar) a cura de doenças.

---

* **Pirarucu** is the largest fresh water fish in the Amazon. Due to its size and weight, hunting pirarucu is a group activity. Once caught, the flesh is cured in salt like **bacalhau** (salt cod) and the tongue dried and used to grate cinammon, guaraná etc. The scales are used as cutting tools or to make hair combs.

Exercise 12

Following the example, put the verbs in 1 to 7 into the past perfect subjunctive:

Se o **antropólogo/ter/terminar** > *Se o antropólogo tivesse terminado . . .*

1 Quando nós/ter/produzir
2 Se eu/ter/recolher
3 Queria que tu/ter/respeitar
4 Se você/não ter/poluir
5 Se o homem/ter/conservar
6 Talvez os índios/ter/sobreviver
7 Se ele/ter/visitar o Pantanal

Exercise 13

Put the verbs in brackets into the future perfect subjunctive to complete these sentences:

1 Quando eu (ter/terminar) o curso, irei trabalhar no Xingu com os índios.
2 Assim que o governo (ter/reduzir) as despesas, sobrará mais dinheiro.
3 Se os ecologistas não (ter/discutir) sobre o problema, esta espécie será extinta.
4 Depois que (ter/receber) as samambaias, iremos levá-las para a estufa.
5 Assim que você (ter/construir) a piroga atravessaremos o rio.
6 Uma vez que o IBAMA (ter/assinar) os documentos, a reserva florestal será inaugurada.
7 Quando tu (ter visitar) a mata, escreverás o ensaio.

samambaias (fp) ferns   **piroga** (fs) canoe
Instituto Brasileiro do Meio Ambiente Brazilian Institute of the Environment
www.ibama.gov.br/

Você sabia?

A árvore que deu o nome ao Brasil – o pau-brasil – é originaria da Mata Atlântica. O Parque Nacional de Itatiaia, criado em 1937 em uma área de Mata Atlântica entre os estados do Rio de Janeiro e Minas Gerais foi o primeiro parque nacional brasileiro. Parte da Mata Atlântica foi reconhecida pela Unesco como Reserva da Biosfera no começo da década de 90. A Reserva estende-se por cerca de 5 mil quilômetros ao longo da costa brasileira, com área total de 290 mil quilômetros quadrados. Comparada com a Floresta Amazônica a Mata Atlântica apresenta proporcionalmente maior diversidade biológica.

Parabéns! Congratulations on finishing this book and we wish you great success in the future with your continued study of Brazilian Portuguese. **Tchau!**

© Elder Vieira Salles

Suggestions for further reading

Bechara, Evanildo (1978) *Moderna Gramática Portuguesa*, Companhia Editora Nacional.

Cereja, William Roberto and Thereza Cochar Magalhães (2005) *Gramática – Texto, Reflexão e Uso*, Atual Editora.

Cunha, Celso (1980) *Gramática do Português Contemporâneo*, Padrão-Livraria Editora Ltd.

Martins, Eduardo (1999) *Com Todas as Letras – O Português Simplificado*, Editora Moderna.

Novo Dicionário Aurélio da Língua Portuguesa (2004) 3a Edição Revista e Atualizada, Editora Positivo.

http://www.gramaticaonline.com.br/ – Professor Dilson Catarino

http://www.sualingua.com.br – Professor Cláudio Moreno

http://www.portrasdasletras.com.br – Professor Hélio Consolaro

Reforms to Portuguese language

http://www1.folha.uol.com.br/folha/educacao/ult305u321373.shtml

Nogueira, Daniel (2000) 'What is the word for *you* in Portuguese?', *Translation Journal* 4(3).

http://accurapid.com/journal/13port.htm

Grammar reference

Articles

	Definite – the		Indefinite – a/an	
Masculine	o	os	um	uns
Feminine	a	as	uma	umas

Nouns

How to distinguish gender:

1 Gender indicated by article only:

o artista the artist (man)   **a artista** the artist (woman)

2 Gender is the same, whether male or female:

a criança = both girl *and* boy
o monstro = both male *and* female

3 Different nouns to represent gender:

o avô	grandfather	**a avó**	grandmother
o cão	dog	**a cadela**	female dog
o rei	king	**a rainha**	queen

4 The meaning of the noun varies depending on the article:

o cabeça	boss	**a cabeça**	head (*part of body*)
o capital	money	**a capital**	main city

Masculine groups

Many nouns ending in	**o, l, r, z**
Seas, rivers, mountains etc	**o Atlântico**
Seasons	except *a primavera*
Words from Greek ending in **-a**	**o tema** etc

Feminine groups

Many nouns ending in	**a, ã, ade, ção, ice, gem**
Days of the week	except *o* **sábado**, *o* **domingo**
Sciences/arts	**a arquitetura**

Ordinal Numbers

first	**primeiro/a**
second	**segundo/a**
third	**terceiro/a**
fourth	**quarto/a**
fifth	**quinto/a**
sixth	**sexto/a**
seventh	**sétimo/a**
eighth	**oitavo/a**
ninth	**nono/a**
tenth	**décimo/a**
eleventh	**décimo/a primeiro/a**
twelfth	**décimo/a segundo/a**
thirteenth	**décimo/a terceiro/a**
fourteenth	**décimo/a quarto/a**
fifteenth	**décimo/a quinto/a**
sixteenth	**décimo/a sexto/a**
seventeenth	**décimo/a sétimo/a**
eighteenth	**décimo/a oitavo/a**
nineteenth	**décimo/a nono/a**
twentieth	**vigésimo/a**
twenty-first	**vigésimo/a primeiro/a**

Look at this number in English: 4,000.00
Now compare the Portuguese: **4.000,00**

You can see that the decimal point and the comma are reversed.

When speaking or writing out sums in full, e 'and' is used between the hundreds and tens as well as between the tens and the units:

6.762.982   seis milhões setecentos *e* sessenta *e* dois mil novecentos *e* oitenta *e* dois

Written dates:

1° de agosto de 2007	1 August 2007
2 de agosto de 2007	2 August 2007
3 de agosto . . .	3 August . . .

Que dia é hoje?   Hoje é dia primeiro de junho.
É dia dois/três de junho.

Personal pronouns

Subject	Direct object	Indirect object	Prepositional	after **com**	Reflexive
eu	me	me	mim	comigo	me
tu	te	te	ti	contigo	te
ele/ela	o/a	lhe	ele/ela	com ele/ela	se
você o/a senhor/a	o/a	lhe	você (si)	com você (consigo)	se
nós (a gente)	nos	nos	nós	conosco	nos
vós *	vos*	vos*	vós*	convosco*	vos*
vocês os/as senhores/as	os/as	lhes	vocês	com vocês	se
eles/elas	os/as	lhes	eles/elas	com eles/elas	se

* Only used in prayers and classical literature.

Forms of address   You

você(s)	Informal and used in most situations
tu	Not widely used except in the south (Rio Grande do Sul) and Maranhão state in the north-east
vós	Not used in the spoken language but found in prayers and classical literature
o(s) senhor(es) **a(s) senhora(s)**	Polite 'you' for formal situations/to show respect

Uses of por quê, porquê, por que, porque

Você não gostou do filme? *Por quê?*
You didn't like the film? Why?

Ninguém me disse o *porquê* dessa decisão.
Nobody told me the reason for this decision.

Queria saber *por que* você não gostou do filme.
I'd like to know why you didn't like the film.

Por que choras?
Why are you crying?

Ela não viajou *porque* não tinha dinheiro.
She didn't travel because she had no money.

Verbs

Infinitive (impersonal)

Translates: 'to buy', 'to sell', etc.
    Portuguese has three main verb groups ending in: **-ar -er -ir**
    The infinitive follows prepositions such as **depois de, antes de, para, ao,** etc.:

Li o artigo antes de fotocopiar algumas páginas.
I read the article before copying some pages.

It is used for general action:

Comprar um carro é complicado.   *Buying* a car is complicated.

and can also replace the imperative:

Não *beber*.   no *drinking*.

Infinitive (personal)

This is based on the impersonal infinitive and is identical apart from some 'personal' endings. These are:

eu receber   **tu receber-*es***   **ele/ela/você receber**
nós receber-*mos* **(vós receber-*des*)** **eles/elas/vocês receber-*em***

Ao *chegarem* ao teatro, elas me chamaram.
On arriving at the theatre, they called me.

Compound infinitive

Translates: 'after having eaten/finished', etc.
    Formation: infintive of **ter** plus past participle

Depois de *ter recebido* o prêmio, ele fez o discurso.
After having received the prize, he made the speech.

Indicative tenses

Present

This expresses present action/normal occurrences/facts:

Ele *escreve* o artigo.   He *writes* (*is writing*) the article.
O filme *começa* às oito.   The film *starts* at eight.

Formation: remove infinitive endings -ar, -er, -ir and add for verbs ending in:

-ar	-o	-as	-a	-amos	-ais	-am
-er	-o	-es	-e	-emos	-eis	-em
-ir	-o	-es	-e	-imos	-is	-em

Preterite

This expresses completed action in the past:

Elas *chegaram* ontem.   They *arrived* yesterday.

Formation: remove infinitive endings and add for verbs ending in:

-ar	-ei	-aste	-ou	-amos	-astes	-aram
-er	-i	-este	-eu	-emos	-estes	-eram
-ir	-i	-iste	-iu	-imos	-istes	-iram

Imperfect

This expresses past events with no exact time limits/past habitual action:

Ela *cozinhava* todos os dias.   She *cooked* (used to cook) every day.

Formation: remove infinitive endings and add for verbs ending in:

-ar	-ava	-avas	-ava	-ávamos	-áveis	-avam
-er + -ir	-ia	-ias	-ia	-íamos	-íeis	-iam

Irregular imperfects:

ser *to be*	ter *to have*	vir *to come*	pôr *to put*
era	tinha	vinha	punha
eras	tinhas	vinhas	punhas
era	tinha	vinha	punha
éramos	tínhamos	vínhamos	púnhamos
eram	tinham	vinham	punham

Present perfect

This expresses a past action or state starting at an unspecified time and continuing to an unspecified time in the present:

Você *tem recebido* muitas cartas.   You *have received* (*been receiving*) lots of letters.

Formation: present indicative of **ter** plus past participle:

tenho   tens   tem   temos   tendes   têm   falado, bebido, etc.

Pluperfect

This expresses past action completed prior to another past action:

Já *tinham comido* quando chegamos.   They *had* already *eaten* when we arrived

Formation: imperfect of **ter** plus past participle:

tinha   tinhas   tinha   tínhamos   tínheis   tinham   falado, bebido, etc.

Simple pluperfect

This has the same meaning as pluperfect but is rarely used in colloquial, spoken Portuguese but found in literature.

Formation: remove **-ram** ending from preterite third person plural and add:

   -ra   -ras   -ra   -ramos   -reis   -ram

Ela comera.   She had eaten.
(= tinha comido)

Future

This expresses future action:

***Estudará* amanhã.**   He *will study* tomorrow.

Formation: add to the infinitive: -ei   -ás   -á   -emos   -eis   -ão

Irregular futures:

dizer   > *dir*-**ei**, *dir*-**ás**
fazer   > *far*-**ei**, *far*-**ás**
trazer   > *trar*-**ei**, *trar*-**ás**, etc.

Future perfect

This expresses future action prior to another future action:

***Terei terminado* tudo antes das duas.**   I *will have finished* everything by
two o'clock.

Formation: future of **ter** plus past participle:

ter-ei   ter-ás   ter-á   ter-emos   ter-eis   ter-ão   falado, bebido, etc.

Conditional

Expresses 'I would go/I would leave'.

Disse que *telefonaria* mais tarde. She said she *would telephone* later.

Formation: add to the infinitive: -ia -ias -ia -íamos -íeis -iam
Irregular conditionals are formed in a similar way as the future:

dizer > *dir*-ia
fazer > *far*-ia
trazer > *trar*-ia, etc.

Conditional perfect

This expresses 'I would have gone/I would have read'.

Ele *teria partido* mais cedo mas não foi possível.
He *would have left* earlier but it was not possible.

Formation: conditional of **ter** plus past participle:

teria terias teria teríamos teríeis teriam falado, bebido, etc.

Subjunctive

The subjunctive is used after verbs expressing emotion, uncertainty, doubt, denial, permission, command. It is found in subordinate clauses where the subject is different from that in the main clause and is also used in 'if' clauses.

Present subjunctive

Sentimos muito que você *esteja* triste. We are sorry that you are sad.

Formation: delete the **o** from the first person present indicative (**falo**) and add for verbs ending in:

-ar	-e	-es	-e	-emos	-eis	-em
-er + -ir	-a	-as	-a	-amos	-ais	-am

Perfect subjunctive

Duvidamos que você *tenha lido* o livro.   We doubt that you have read the book.

Formation: present subjunctive of **ter** plus past participle:

tenha   tenhas   tenha   tenhamos   tenhais   tenham   falado, bebido, etc.

Imperfect subjunctive

Se eu *tivesse* tempo faria o curso.   If I had time I would do the course.

Formation: remove **-ram** ending from third person plural **preterite** and add:

-sse   -sses   -sse   -ssemos   -sseis   -ssem

Pluperfect subjunctive

Se *tivesse encontrado* a chave, teria fechado a porta.
If I had found the key, I would have locked the door.

Formation: imperfect subjunctive of **ter** plus past participle:

tivesse   tivesses   tivesse   tivéssemos   tivésseis   tivessem
falado, bebido, etc.

Future subjunctive

Usually follows: **quando, enquanto, como, logo que, assim que, se**:

Eu telefonarei quando eles *chegarem*.   I will telephone when they arrive.

Formation: remove **-ram** ending from Preterite third person plural and add for all verbs:

-r   -res   -r   -rmos   -rdes   -rem

Future Perfect subjunctive

Mande-me um email logo que _tiveres recebido_ a encomenda.
Send me an email as soon as you _have received_ the order.

Formation: from future subjunctive of **ter** plus past participle:

tiver tiveres tiver tivermos tiverdes tiverem falado, bebido, etc.

Imperative

Is used to express commands, instructions and advice

Affirmative imperatives

tu and **vós**: the imperatives are formed from the present indicative with the final **-s** of the verb removed:

falar to speak		_beber_ to drink		_partir_ to leave	
falas!	(tu)	bebes!	(tu)	partes!	(tu)
falais!	(vós)	bebeis!	(vós)	partis!	(vós)

você, **nós** and **vocês**: the present subjunctive is used

falar to speak		_beber_ to drink		_partir_ to leave	
fale!	(você)	beba!	(você)	parta!	(você)
falemos!	(nós)	bebamos!	(nós)	partamos!	(nós)
falem!	(vocês)	bebam!	(vocês)	partam!	(vocês)

Negative imperatives

The present subjunctive preceded by a negative word is used.

> **Não . . . fale (tu), fale (você), falemos (nós), faleis (vós), falem (vocês)!** Don't talk!

In colloquial language the present indicative is often used for _negative_ commands and not the present _subjunctive_: **não fala!** (tu).

Also, **tu** and **você** imperatives are often mixed in colloquial language:

bebe! (tu) fica! (você)

Passive

This is used to express 'was sold, were eaten'.

Formation: **ser** (any tense) plus past participle (which agrees with subject of verb):

As ilhas foram invadid*as*.	The islands were invaded.
O vencedor será anunciad*o*.	The winner will be announced.

Past participle

This is used to express 'written, sung'.

trabalhar	**preencher**	**repartir**
trabalh/*ado*	**preench/*ido***	**repart/*ido***

Past participles

Irregular

abrir	>	***aberto***	to open/opened
ganhar	>	***ganho***	to earn/earned
cobrir	>	***coberto***	to cover/covered
gastar	>	***gasto***	to spend/spent

Some verbs have two past participle forms – regular and irregular. Examples:

Verb		*Regular past participle*	*Irregular past participle*	
nascer	to be born	***nascido***	***nato***	born
acender	to light	***acendido***	***aceso***	lit

Gerund

Expresses '-ing' ('dancing, finishing').

Together with an auxiliary verb (**estar, andar, ir, vir**) the gerund expresses continuous, progressive action:

Jane está cantando.   Jane is (*in the process of*) singing.

Orthography-changing verbs

These are spelling changes to the final consonant of verb stem to preserve original verb sound:

conhecer > conheço   **ficar > fique**
(soft 'c')   (hard 'c')

Radical-changing verbs

The stem vowel of some verbs (mostly **-ir**) changes in the first person of the present indicative.

   servir **> s*i*rvo** serves serve servimos servis servem

Brazilian Portuguese spelling – There will be changes from 2008. Check *Suggestions for Further Reading* for the web site address.

Irregular verbs

Vós forms are not included as they are not used in everyday conversation. For explanation on how to form the **vós** imperative forms, see section in Grammar reference and Unit 1.

	1st singular	2nd singular	3rd singular	1st plural	3rd plural
Dar to give			Indicative		
Present	dou	dás	dá	damos	dão
Preterite	dei	deste	deu	demos	deram
Imperfect	dava	davas	dava	dávamos	davam
Future	darei	darás	dará	daremos	darão
Conditional	daria	darias	daria	daríamos	dariam
Personal infin.	dar	dares	dar	darmos	darem
Imperative		dá	dê	demos	dêem
Past Participle	dado				
			Subjunctive		
Present	dê	dês	dê	demos	dêem
Imperfect	desse	desses	desse	déssemos	dessem
Future	der	deres	der	dermos	derem

	1st singular	2nd singular	3rd singular	1st plural	3rd plural
Dizer to say			Indicative		
Present	digo	dizes	diz	dizemos	dizem
Preterite	disse	disseste	disse	dissemos	disseram
Imperfect	dizia	dizias	dizia	dizíamos	diziam
Future	direi	dirás	dirá	diremos	dirão
Conditional	diria	dirias	diria	diríamos	diriam
Personal infin.	dizer	dizeres	dizer	dizermos	dizerem
Imperative		diz	diga	digamos	digam
Past Participle	dito				
			Subjunctive		
Present	diga	digas	diga	digamos	digam
Imperfect	dissesse	dissesses	dissesse	disséssemos	dissessem
Future	disser	disseres	disser	dissermos	disserem

	1st singular	2nd singular	3rd singular	1st plural	3rd plural
Estar to be			Indicative		
Present	estou	estás	está	estamos	estão
Preterite	estive	estiveste	esteve	estivemos	estiveram
Imperfect	estava	estavas	estava	estávamos	estavam
Future	estarei	estarás	estará	estaremos	estarão
Conditional	estaria	estarias	estaria	estaríamos	estariam
Personal infin.	estar	estares	estar	estarmos	estarem
Imperative		está	esteja	estejamos	estejam
Past Participle	estado				
			Subjunctive		
Present	esteja	estejas	esteja	estejamos	estejam
Imperfect	estivesse	estivesses	estivesse	estivéssemos	estivessem
Future	estiver	estivers	estiver	estivermos	estiverem

Fazer to do/make   Indicative

Present	faço	fazes	faz	fazemos	fazem
Preterite	fiz	fizeste	fez	fizemos	fizeram
Imperfect	fazia	fazias	fazia	fazíamos	faziam
Future	farei	farás	fará	faremos	farão
Conditional	faria	farias	faria	faríamos	fariam
Personal infin.	fazer	fazeres	fazer	fazermos	fazerem
Imperative		faz	faça	façamos	façam
Past Participle	feito				

Subjunctive

Present	faça	faças	faça	façamos	façam
Imperfect	fizesse	fizesses	fizesse	fizéssemos	fizessem
Future	fizer	fizeres	fizer	fizermos	fizerem

Ir to go   Indicative

Present	vou	vais	vai	vamos	vão
Preterite	fui	foste	foi	fomos	foram
Imperfect	ia	ias	ia	íamos	iam
Future	irei	irás	irá	iremos	irão
Conditional	iria	irias	iria	iríamos	iriam
Personal infin.	ir	ires	ir	irmos	irem
Imperative		vai	vá	vamos	vão
Past Participle	ido				

Subjunctive

Present	vá	vás	vá	vamos	vão
Imperfect	fosse	fosses	fosse	fôssemos	fossem
Future	for	fores	for	formos	forem

Poder to be able to   Indicative

Present	posso	podes	pode	podemos	podem
Preterite	pude	pudeste	pôde	pudemos	puderam
Imperfect	podia	podias	podia	podíamos	podiam
Future	poderei	poderás	poderá	poderemos	poderão
Conditional	poderia	poderias	poderia	poderíamos	poderiam
Personal infin.	poder	poderes	poder	podermos	poderem
Imperative		pode	possa	possamos	possam
Past Participle	podido				

Subjunctive

Present	possa	possas	possa	possamos	possam
Imperfect	pudesse	pudesses	pudesse	pudéssemos	pudessem
Future	puder	puderes	puder	pudermos	puderem

	Pôr to put		Indicative		
Present	**ponho**	**pões**	**põe**	**pomos**	**põem**
Preterite	**pus**	**puseste**	**pôs**	**pusemos**	**puseram**
Imperfect	**punha**	**punhas**	**punha**	**púnhamos**	**punham**
Future	**porei**	**porás**	**porá**	**poremos**	**porão**
Conditional	**poria**	**porias**	**poria**	**poríamos**	**poriam**
Personal Infin.	**pôr**	**pores**	**pôr**	**pormos**	**porem**
Imperative		**põe**	**ponha**	**ponhamos**	**ponham**
Past Participle	**posto**				

			Subjunctive		
Present	**ponha**	**ponhas**	**ponha**	**ponhamos**	**ponham**
Imperfect	**pusesse**	**pusesses**	**pusesse**	**puséssemos**	**pusessem**
Future	**puser**	**puseres**	**puser**	**pusermos**	**puserem**

	Querer to want		Indicative		
Present	**quero**	**queres**	**quer**	**queremos**	**querem**
Preterite	**quis**	**quiseste**	**quis**	**quisemos**	**quiseram**
Imperfect	**queria**	**querias**	**queria**	**queríamos**	**queriam**
Future	**quererei**	**quererás**	**quererá**	**quereremos**	**quererão**
Conditional	**quereria**	**quererias**	**quereria**	**quereríamos**	**quereriam**
Personal infin.	**querer**	**quereres**	**querer**	**querermos**	**quererem**
Imperative		**quer**	**queira**	**queiramos**	**queiram**
Past Participle	**querido**				

Note: although the future and conditional forms exist, in colloquial language the present indicative of **ir** + **querer** expresses the future (**vou querer dois bilhetes** – I will want two tickets) whilst the imperfect of **querer** replaces the conditional (**queria dois bilhetes** – I would like two tickets).

			Subjunctive		
Present	**queira**	**queiras**	**queiras**	**queiramos**	**queiram**
Imperfect	**quisesse**	**quisesses**	**quisesse**	**quiséssemos**	**quisessem**
Future	**quiser**	**quiseres**	**quiser**	**quisermos**	**quiserem**

	Saber to know		Indicative		
Present	**sei**	**sabes**	**sabe**	**sabemos**	**sabem**
Preterite	**soube**	**soubeste**	**soube**	**soubemos**	**souberam**
Imperfect	**sabia**	**sabias**	**sabia**	**sabíamos**	**sabiam**
Future	**saberei**	**saberás**	**saberá**	**saberemos**	**saberão**
Conditional	**saberia**	**saberias**	**saberia**	**saberíamos**	**saberiam**
Personal infin.	**saber**	**saberes**	**saber**	**sabermos**	**saberem**
Imperative		**sabe**	**saiba**	**saibamos**	**saibam**
Past Participle	**sabido**				

	Subjunctive				
Present	**saiba**	**saibas**	**saiba**	**saibamos**	**saibam**
Imperfect	**soubesse**	**soubesses**	**soubesse**	**soubéssemos**	**soubessem**
Future	**souber**	**souberes**	**souber**	**soubermos**	**souberem**

	Ser to be		Indicative		
Present	**sou**	**és**	**é**	**somos**	**são**
Preterite	**fui**	**foste**	**foi**	**fomos**	**foram**
Imperfect	**era**	**eras**	**era**	**éramos**	**eram**
Future	**serei**	**serás**	**será**	**seremos**	**serão**
Conditional	**seria**	**serias**	**seria**	**seríamos**	**seriam**
Personal infin.	**ser**	**seres**	**ser**	**sermos**	**serem**
Imperative		**sê**	**seja**	**sejamos**	**sejam**
Past Participle	**sido**				

	Subjunctive				
Present	**seja**	**sejas**	**seja**	**sejamos**	**sejam**
Imperfect	**fosse**	**fosses**	**fosse**	**fôssemos**	**fossem**
Future	**for**	**fores**	**for**	**formos**	**forem**

	Ter to have		Indicative		
Present	**tenho**	**tens**	**tem**	**temos**	**têm**
Preterite	**tive**	**tiveste**	**teve**	**tivemos**	**tiveram**
Imperfect	**tinha**	**tinhas**	**tinha**	**tínhamos**	**tinham**
Future	**terei**	**terás**	**terá**	**teremos**	**terão**
Conditional	**teria**	**terias**	**teria**	**teríamos**	**teriam**
Personal infin.	**ter**	**teres**	**ter**	**termos**	**terem**
Imperative		**tem**	**tenha**	**tenhamos**	**tenham**
Past Participle	**tido**				

	Subjunctive				
Present	**tenha**	**tenhas**	**tenha**	**tenhamos**	**tenham**
Imperfect	**tivesse**	**tivesses**	**tivesse**	**tivéssemos**	**tivessem**
Future	**tiver**	**tiveres**	**tiver**	**tivermos**	**tiverem**

	Ver to see		Indicative		
Present	**vejo**	**vês**	**vê**	**vemos**	**vêem**
Preterite	**vi**	**viste**	**viu**	**vimos**	**viram**
Imperfect	**via**	**vias**	**via**	**víamos**	**viam**
Future	**verei**	**verás**	**verá**	**veremos**	**verão**
Conditional	**veria**	**verias**	**veria**	**veríamos**	**veriam**
Personal infin.	**ver**	**veres**	**ver**	**vermos**	**verem**
Imperative		**vê**	**veja**	**vejamos**	**vejam**
Past Participle	**visto**				

			Subjunctive		
Present	veja	vejas	veja	vejamos	vejam
Imperfect	visse	visses	visse	víssemos	vissem
Future	vir	vires	vir	virmos	virem

	Vir to come		Indicative		
Present	venho	vens	vem	vimos	vêm
Preterite	vim	vieste	veio	viemos	vieram
Imperfect	vinha	vinhas	vinha	vínhamos	vinham
Future	virei	virás	virá	viremos	virão
Conditional	viria	virias	viria	viríamos	viriam
Personal infin.	vir	vires	vir	virmos	virem
Imperative		vem	venha	venhamos	venham
Past Participle	vindo				

			Subjunctive		
Present	venha	venhas	venha	venhamos	venham
Imperfect	viesse	viesses	viesse	viéssemos	viessem
Future	vier	vieres	vier	viermos	vierem

Key to exercises

Unit 1

Exercise 1

1 André is in the kitchen preparing the salads. 2 Peter has just received confirmation of his internship in SP, Brazil. 3 She can give him a lot of tips because she is paulistana. 4 Renata says that there is no shortage of entertainment there. 5 True. 'I am proud to have been born in São Paulo state'.

Exercise 2

2 Peter é americano. Ele tem 2 amigos brasileiros, Estela e André. Peter está muito feliz porque tem boas notícias: tem confirmação do seu estágio em SP, no Brasil. Ele vai lá para trabalhar numa rede de TV.

Exercise 3

1 Olá, vamos entrar. Tudo jóia? Tem boas notícias? 2 Mas me fala do seu estágio. Quais são os seus planos? 3 Oi pessoal, fiquem à vontade. 4 Você tem que conhecer a Renata. É isso aí, ela me disse que é de São Paulo. 5 Ouvi dizer que você vai trabalhar em mídia. 6 Por favor, sirvam-se. A salada e o churrasco estão prontos. 7 Posso pegar uma cerveja brasileira na geladeira?

Exercise 4

2 recebeu (receber), disse (dizer), ouvi (ouvir)

Exercise 5

Como se chama? Onde você nasceu? Você está aqui em férias? Há outros ingleses trabalhando na sua empresa? O que você acha da comida brasileira?

Exercise 6

a vamos – ir, fique – ficar, (me) fala – falar, sirvam-(se) – servir, deixa – deixar
b 1 entre! 2 não prepares as bebidas! 3 trabalhai mais! 4 comamos! 5 não vendam! 6 repete!

Exercise 7

1 3 4 1 2
2 Não faz mal, não tem problema, não importa, não tem importância, fica frio

Exercise 8

a 2 4 1 3
b 1 People who stay in the capital city's hotels. 2 Restaurants, shops, travel agencies and theme parks. 3 The visitor must present a receipt from a network approved petrol station.

Exercise 9

1 My name is (é) Peter. I am (sou) American. 2 Where is (está) André? He is (está) in the lounge watching TV. 3 André and I are (somos) friends. 4 Renata, where is (está) your car? It's (está) in the garage. 5 Renata and Estela are (são) Brazilian. 6 I don't know where the university is (é). 7 The knives and forks are (estão) clean. The

salad is (está) ready. 8 What about the beers, where are (estão) they? They are (estão) in the refrigerator.

Exercise 10

a 1 muito 2 muitos 3 muito 4 pouco 5 poucos 6 poucas
b The Globo programs are very good/There are many Brazilian journalists abroad/Cabo Frio beaches are very clean/University students have little money/There are few survivors from the First World War/Few people came to the barbecue

Exercise 11

a 3 4 2 5 1
b 1 Um dia típico de verão, céu azul e muito sol. 2 Em agosto do ano passado Carolina foi com um amigo a Campos do Jordão. 3 Fez muito frio e tinha muita neblina na estrada. 4 Porque a temperatura vai baixar para 17°C.

Exercise 12

A mínima é 18° e a máxima 27°C. The warmest weather is in Votuporanga – máxima 30°C

Exercise 13

nublado, geada, sol e nuvens, sol e pancadas de chuva, nublado com chuva, chuva com trovoadas, ensolarado.

Exercise 16

1 têm 2 têm 3 há 4 tem 5 há 6 há 7 houve 8 temos
9 há 10 houve 11 temos/há

Unit 2

Exercise 1

b **1** False – the north is the least populated. **2** False – they are concentrated in the north. **3** False – Brazil has a border with all South American countries except Chile and Ecuador. **4** True – Brazil is the fifth largest country in the world. **5** True – the north region occupies 42 per cent of Brazil's territory.

Exercise 2

Brazil is more or less the size of America, excluding Alaska. It is a country of giant proportions. Brazil has 26 states. Geographically it is divided into five regions (*correct statement*). Brazilians speak Portuguese but the accent and intonation are different from that of Portugal. Few people speak Spanish or African languages. The majority of Brazilians speak Portuguese. Brazilians are a mixture of three races – Indian, Portuguese and African – but there are Brazilians descended from many other nationalities. The north region is the largest Brazilian region but it has the fewest inhabitants. (*correct statement*).

Exercise 3

1 mais (tranqüila) do que **2** menos (populoso) do que **3** tão (desenvolvido) quanto **4** a/mais (limpa) que **5** o/menos (difícil) de **6** a/mais (cara) da **7** menor/do que **8** maior/do que **9** melhor/do que **10** pior/do que

Exercise 4

1 40 years of internal migration/the year a census was done/the estimated Brazilian population in 2003/percentage of population living in cities/population of São Paulo.

2 Due to population growth and 40 years of internal migration, Brazil is today an urban country. According to the 2003 census, Brazil's population is around 180 million inhabitants, of which 81 per cent live in the cities. Greater São Paulo, with more than 17 million inhabitants, is one of the most populated metropolises in the world.

The majority of Brazil's population is clustered along the Atlantic coast while a large part of the country, including the enormous Amazon basin, remains sparsely inhabited and almost inaccessible.

Exercise 5

1 do 2 nos 3 na 4 do 5 em/em 6 num 7 numa/na

Exercise 6

a 1 T 2 T 3 F 4 F 5 T 6 F

Exercise 7

The *carioca*, the *paulista*, the *mineiro*, the *baiano* . . . are all Brazilian but each has characteristics that distinguish one from the other. The *carioca* is communicative and good-humoured. The *paulista* is quick and serious. The *mineiro* is suspicious and thrifty. The *baiano* is happy and optimistic. São Paulo is known as the state that works while Rio de Janeiro plays and Minas Gerais works in silence . . .

Exercise 8

1 é proibida 2 foi destruída 3 foram recebidos 4 foi elogiado
5 foram aplaudidos 6 foram expulsos 7 é feita 8 foi visto

Exercise 9

b 1 Because he can live among friends, the town is quiet and there is no pollution.

2 There are many arts and crafts shops, museums, churches, restaurants specializing in typical *mineira* food and the house where Juscelino Kubitschek spent his childhood.

3 Diamantina is 290 km to the north of Belo Horizonte, the capital of Minas Gerais.

Exercise 10

1 fica 2 fica 3 ficamos 4 fica 5 pode ficar 6 fiquei 7 ficou sobrando 8 quis ficar

Leopoldina is a small, very welcoming town situated in the Zona da Mata of Minas Gerais state. My husband is happy when we stay in Leopoldina. He is always relaxed. One day in a restaurant he said to the waiter: you can keep the change. I was very embarassed because all that was left was R\$ 0,20 – twenty cents. Do you think that he wanted to keep the change?

Unit 3

Exercise 1

1 Salvador fica na região nordeste, no estado da Bahia. 2 O transporte é o avião. 3 Significa que o transporte é gratuito – não precisa pagar. 4 As palavras são: barco, mergulho, praia, catamarã, Porto.

Exercise 3

5, 3, 6, 7, 2, 1, 4

Exercise 4

1 She had problems with her computer – the internet was disconnected yesterday evening. 2 Nilza prefers the holiday in Recife. 3 They want to go to the travel agency to ask for more details.

Exercise 6

1 f   2 d   3 e   4 a   5 c   6 b

Exercise 7

1 estão desligados   2 está comprada   3 está aberta   4 estão incluídos
5 está reservado   6 está preparado   7 está plantada

Exercise 8

a   1 Because there are lots of other flights arriving. 2 Type and size of suitcase, name, flight number and the address.

b

Hints about missing luggage

PASSENGER   My luggage hasn't turned up on the carousel. Do I have to inform the airline?

EMPLOYEE   That's right. You must inform them immediately because there are many other flights arriving.

PASSENGER   Where do I have to go?

EMPLOYEE   Go up there to the left. Look for the airline company desk where you can get the claim form. You'll need to show your luggage ticket and fill in all the details: your name, flight number, type and size of suitcase and address.

Exercise 9

1 There are no fish *porque* (because) the river dried up. 2 The hotel is full *uma vez que* (as/because) 100 tourists arrived yesterday. 3 I did not go shopping *já que* (as/because) my car was out of gas. 4 They were not able to travel *porque* (because) they did not have up-to-date passports. 5 We did not have a bath *visto que* (since/because) there was no hot water in the guest house. 6 We are going to spend the vacation in the mountains *uma vez que* (as/because) we do not like noise.

Exercise 10

a 1 False. She asks those going to Morretes to queue on one side (the right) and those going to Paranaguá to queue on the left. 2 False. It was a black pen. 3 False. The main dish is *barreado* – meat stew. 4 True.

Exercise 10

b DALVA   Excuse me, those going to Morretes, this side. Those going as far as Paranaguá, on the left.

TOURIST 1   Dalva, what time are we setting off for Paranaguá?

DALVA   We are going to leave in more or less 20 minutes . . . May I have your attention please, who left this black pen with the initials J.B. at reception?

TOURIST 2   What are the initials . . . J.B.? Ah, it's mine, thank you.

TOURIST 3   We are going to have lunch today in Morretes, aren't we?

DALVA   Yes. You're not vegetarian are you?

TOURIST 3   No, I'm not.

DALVA   May I have your attention please . . . we are going to stop in Morretes for lunch. We are going to eat *barreado*. Hands up who is vegetarian!

TOURIST 1   When are we going to return to Curitiba?

DALVA   We will leave Paranaguá between 5 and 5:15pm and probably we will be in Curitiba around 8:30pm or a little before that. We will have dinner in Madalosso, in Bairro de Santa Felicidade.

TOURIST 2   Can you repeat that please . . . ? I didn't hear a thing, there's a lot of noise back here.

Exercise 11

1   Quantas horas durou a viagem a Paranaguá?
    How long did the journey to Paranaguá take?

2   A que horas saíram?
    What time did you leave?

3 Em qual restaurante almoçaram?
Which restaurant did you have lunch at?

4 Quem foi à feira de artesenato?
Who went to the craft fair?

5 Qual é a mala da Corina?
Which one is Corina's suitcase?

6 O que comeram no restaurante?
What did you eat at the restaurant?

7 A que horas chegaram?
What time did you arrive?

8 Quantos macacos ela viu no zoológico?
How many monkeys did she see at the zoo?

Exercise 12

1 Vamos visitar o museu hoje, não vamos? Sim, vamos, vamos.
2 Você perdeu a sua carteira, não perdeu? Perdi, perdi. 3 Eles são
americanos? São, são. 4 Você não é o irmão da Lúcia, é? Não, não
sou. 5 Você tem os seus documentos com você? Tenho, tenho. 6 Ele
pagou pelo almoço? Pagou, sim.

Exercise 13

1 vou pedir/pedirei 2 vai aterrizar/aterrizará 3 vai reclamar/reclamará
4 vão verificar/verificarão 5 vai trocar/trocará 6 vais desembarcar/
desembarcarás 7 vamos comer/comeremos

Exercise 14

1 Todos os domingos às dez horas. 2 Sábados e terças-feiras. 3 Há
dois vôos diários para Brasília. 4 Modern planes; electronic tickets
and children travel free.

Exercise 15

1 4, 2 1, 3 2, 4 3

Unit 4

Exercise 1

a 6 4 7 2 3 5 1

b JOEL: To rent a property in Brazil you need to speak to an estate agent. He has details of all types of properties for short or long let. Rental price depends on the location, the number of rooms and the standard of construction. Ask whether service charges are included in the rental and whether electricity is paid separately. The documents required for signing the contract are: proof of address, identity card, reference, deposit and correctly completed registry forms.

Exercise 2

a 1 ao/para 2 para/por 3 por 4 pela 5 por 6 ao/à 7 pelo 8 por 9 pelo/pela 10 para 11 a/para

b 1 I am going to the bank and later to work. 2 I bought this house as an investment for only R$50.000,00. 3 Is it possible to rent a beach house for a week only? 4 They walked down the main street together. 5 Let's go by this road which is much quicker 6 Do you want to go to the cinema? I would prefer to go to the beach. 7 How much did you pay for the car hire? 8 I would like to exchange this white shirt for a blue one. 9 Did you come through the park or through the avenue? 10 To Aterro do Flamengo please. 11 He went to Curitiba to rent a house.

Exercise 3

1 semi-novas – outras marcas – curtir a natureza – capacete incluído – jardim com piscina – próxima à praia – ventilador de teto – locação de bicicletas – direção hidráulica – casa curta temporada – cadeado – roupa a rigor – apenas – marchas – mensal (mensais

(pl)) – churrasqueira – serviço de limpeza – para grupo ou família – roupa de cama – arreio.

2 per day/with pool/for parties/4 doors/with hood/apartments/2 furnished suites

Exercise 5

1 e   2 c   3 a   4 b   5 f   6 d

Exercise 6

1 Ela se lembrou de trazer os documentos. 2 Nós nos divertimos muito nas férias. 3 Não me levantei até às 9 horas. 4 Ester me disse que vai se encontrar com a sua irmã amanhã. 5 Eles sempre se queixam do preço de tudo.

Exercise 7

1 Compram-se livros usados. 2 Fala-se inglês. 3 Aceitam-se cheques. 4 Trespassa-se ponto comercial. 5 Alugam-se barcos de passeio.

Exercise 8

1 os flats – serviced apartments, as kitchenettes – studio flats, apartamentos pequenos – small apartments,
   os apartamentos duplex – duplex apartments, os sobrados – 2-storey houses
2 A *sobrado* has two floors and two or more bedrooms; a *kitchenette* is a studio flat with no separate bedroom.

Exercise 9

1 We are moving house. 2 Carla is cleaning the house. 3 He is looking for an apartment. 4 They are paying the service charges.

5 We were hiring a boat for Sunday. 6 Closing the door, they left. 7 The girl fell going down the steps. 8 She is looking for a new job. 9 Little by little we were putting the room in order. 10 Day was dawning very slowly 11 We were renting a duplex.

Exercise 10

1 Five minutes on foot. 2 Twenty minutes. 3 A fancy dress costume. 4 Ten minutes' walk. 5 On transport costs. 6 The interior design shop 20 metres from Diana's building.

Exercise 11

1 1 Lounge – 5.6 × 4.5m – very spacious, granite floor. 2 Double bedroom – 3.80 × 4.50m – larger than the one we had before. 3 Aninha's bedroom – 3.80 × 3.80m – smaller but the wardrobe is great. 4 Kitchen and utility area – 5 × 3m – complete and modern and a good size. 5 Bathroom – small but the shower is excellent.
2 mesa e cadeiras – table and chairs; camas – beds; armários – wardrobes; sofá – sofa; estante – bookcase

Exercise 12

1 Daqui a seis meses. 2 Daqui até ao supermercado são três minutos de carro. 3 A escola é dez minutos a pé. 4 O ônibus circula das 4 até as 8 horas da noite. 5 Eu vou te encontrar daqui a poucos minutos. 6 Daqui em diante vou te visitar às segundas.

Exercise 13

a 1 I like Milton Nascimento's CDs. 2 They need money. 3 I need to buy a new jeep. 4 We like going to the Amazon state. 5 I have just made the reservation. 6 We finished early.
b 1 Gostamos do prédio. 2 Eu queria alugar um bom DVD. 3 Ela ensina às crianças a pintar. 4 Ela começou a ler os classificados.

5 Acabamos de escrever o livro. 6 As meninas terminaram o exercício.

Unit 5

Exercise 1

a The 'feriados' are a few days off for him to rest and enjoy himself and he plans everything well in advance.
b 1 T Joana tem trabalhado muitos anos como telefonista. 2 F ela só volta a trabalhar na segunda se o feriado cai numa quinta-feira. 3 F ela adora um feriado prolongado. 4 T ela vai passar o 7 de Setembro na Serra de Itatiaia. 5 F ela geralmente trabalha meio expediente nas vésperas do Natal e do Ano Novo.

Exercise 2

o Natal, o dia de Ação de Graças, o Dia da Independência, o Dia das Mães, o Dia dos Pais, o dia dos Namorados

Exercise 3

Difficult to pack items – árvore and aquário

Exercise 4

1 todo 2 tudo 3 todos 4 todas 5 toda 6 todos 7 todo, toda 8 todo 9 todo 10 tudo
Translations: 1 There are about 300 tolls in all of Brazil. 2 I have already put everything in the suitcase. 3 To hire a car, all drivers must have a licence. 4 In the low season all the rental agencies do promotions. 5 We work the whole week. 6 I arranged all the documents through the consulate. 7 We serve meals every day, every hour. 8 Everybody likes to leave early in order to avoid traffic jams.

9 In any case, it's possible to hire a car here and return it in Porto Alegre. 10 First of all you must economize.

Exercise 5

a 8 7 4 6 9 1 2 5 3
b 1 Before starting your journey give your car a full service. 2 It's a good idea to put air in the tyres and check whether they are in good condition. 3 Ask the mechanic to check the suspension and the brakes.

Exercise 6

1 Aquelas revistas são dela? Não, elas são nossas. 2 Você trouxe a sua garrafa térmica? Não, mas o meu namorado trouxe a dele. 3 Estas sandálias são suas? Não, mas este creme antiséptico é meu. 4 Posso pegar emprestado o seu impermeável? (or a sua capa de chuva). Não é meu (minha), é dela. 5 Eu me esqueci de trazer o meu guarda-chuva. Este é seu? Não, é deles/delas.

Exercise 7

1 Este carro é mais espaçoso do que aquele. 2 Estes são os meus documentos. Aqueles são seus? 3 Aquela mochila é minha. 4 O que é aquilo lá? 5 O que tem neste porta-luvas? 6 Naquela estrada há muitos acidentes. 7 As danças folclóricas vêm desta região.

Exercise 8

1 comprou, convidou, caiu, aproveitaram, foram, saíram, fizeram, armavam, separavam, telefonou, disse, vinha, subiam, começou, apareceu, tiraram.
2 Camping in Pico da Bandeira: Lucas bought a tent and invited some friends to go camping. As Easter this year fell in March, they made the most of the extended holiday and went camping in the Caparaó National Park.

They left very early and had a good journey. On the first day when they were erecting the tent and sorting the camping equipment, Bill phoned and said that he had hired an estate car and he was coming to join them in the mountains.

On Saturday they were climbing the Pico da Bandeira when it began to rain but later the sun appeared and they took beautiful photographs of the mountains.

Exercise 9

1 tenho dormido 2 temos viajado 3 tem visitado 4 têm comido 5 tem caminhado 6 têm lido 7 temos saído 8 tens estudado

Exercise 10

1 professor, campeã, pastora, embaixador, camponesa, torcedor, cirurgiã, vendedor, esposo, namorada
2 liquidações, campeões, anéis, hotel, trabalhadores, mar, jardins, jornais, amiga, festivais

Unit 6

Exercise 1

1 Hospital admissions and treatments. 2 'Medicine for All' 'Smiling Brazil' and 'Family Allowance'. 3 A Farmácia Popular aims to widen access to essential medications by selling them at low cost. 4 Basic social rights.

Exercise 2

a 1 onde 2 que 3 quem 4 que b 1 cujo 2 cujos 3 cujas 4 cuja c 1 das quais 2 para os quais 3 para o qual 4 para a qual 5 a qual d do qual, cujo, o qual, cuja, o qual, que

Exercise 3

a 1 It grows in the Amazon region and is consumed in juice or in ice cream. 2 It is rich in proteins, Vitamin E, fibre, calcium and iron.

b The açaí
Acidic small, violet-coloured fruit, the açaí is extracted from a palm tree which grows in the Amazon region and its flesh is consumed all over Brazil, in the form of juice or ice cream.

Rich in proteins, Vitamin E, fibres, calcium and iron, studies carried out by the University of Florida confirmed its anti-carcinogenic potential. The result of the research indicated that the extracts of this little fruit are capable of stimulating the destruction of more than 80 per cent of leukaemia cells.

Exercise 4

1 exótica, luso-brasileiro, ácida, orgânica, equilibrado, emagrecedor, boa, portuguesa 2 latino-americano, velozes, tropicais, português, fértil, calorias, saudáveis, emagrecedores

Exercise 5

a 1 Pratos salgados e sobremesas are savoury dishes and desserts. 2 For fresh fruits and vegetables, sugar cane juice and chicken samosas. 3 Casa de suco – juice bar.

b 1 A minha dieta é muito saudável também. 2 Eu pedi uma vitamina deliciosa numa lanchonete no centro da cidade. 3 Os restaurantes que vendem comida a quilo no Brasil são muito populares. 4 Nós compramos frutas e legumes frescos na feira toda semana. 5 Esta casa de suco vende os melhores pastéis de frango. 6 A Confeitaria Colombo no Rio serve as melhores sobremesas.

Exercise 6

1 O José tinha pedido uma vitamina de goiaba e abacate. 2 Tínhamos comido todo o frango grelhado quando a Suzy chegou. 3 Ela tinha

comprado tantas frutas exóticas que não as conseguia levar. **4** O Paul já tinha provado o açaí na academia de ginástica. **5** A Joana tinha sugerido ver o filme. **6** Eles tinham bebido todo o suco.

Exercise 7

1 Anti-inflammatory medication. **2** Her muscle pains haven't improved. **3** It is a little too high. He recommends a low calorie diet.

Exercise 8

1 Continuemos com a fisioterapia. **2** Inclua suplementos na sua dieta. **3** Compra mais frutas e ovos. **4** Leiam toda a informação. **5** Sigamos os conselhos do médico. **6** Volte amanhã depois das seis. **7** Come somente comida vegeteriana.

Exercise 9

Caipirinha recipe
Ingredients: 1 medium-sized lime, 2 spoonfuls of sugar, sugar-cane rum, ice.

How to prepare: Cut the lime in slices and add the sugar. Crush until the lime juice is mixed with the sugar. Add ice and rum . . . and drink!

Exercise 10

1 descasque (peel), corte (cut), acrescente (add), misture (mix), coma (eat).

Exercise 11

1 recentemente **2** lá **3** já **4** geralmente **5** nunca **6** acima **7** muito **8** dentro **9** diariamente **10** sempre **11** pouco

Exercise 12

natural, honestamente, imediato, rapidamente, brevemente, freqüentemente, sincero, elegante, atencioso, inocentemente, habitualmente,
profundo, raramente, vulgar

Unit 7

Exercise 1

a 1 Because it is a period when the student is under great pressure,
at an age when he or she is not able to respond adequately to that
pressure. 2 No – he can't think of a better form of assessment.
3 No – each university has its own exam format. Some universities allow the exam to be held in different cities. Some hold the
exams over four days. 4 In Juiz de Fora University the exam is
divided into four multiple-choice and two open exams. If candidates obtain the minimum mark, they go through to the second
phase.

b 1 Because they were too expensive. 2 Anglo was the best because
it included course materials that helped her quite a lot. 3 That it
really helped her and that every day, for a year, she went to the
library of one of the universities in Recife near her house and
studied the subjects for the vestibular. 4 She is loving it because
she has made many friends and freshers' week was great. They
had a week of interesting talks, seminars and a fantastic social
programme.

Exercise 2

1 Ele prefere estudar sozhinho. 2 Estudei na biblioteca da universidade
todas as manhãs. 3 O seu filho foi reprovado nos exames? Não, ele
passou em todos com notas excelentes. 4 Você é contra ou a favor do
vestibular? 5 Flávia é estudante na Universidade de Recife. Ela estuda
Ciências Contábeis. 6 Ela celebrou o fim da semana dos calouros
com os amigos num clube no centro de Recife.

Exercise 3

1 Ontem nós fizemos uma provinha de inglês. 2 Ela sempre ensinou na salinha. 3 Não tenho espaço para guardar este livrão. 4 Eles compraram um casarão na cidade. 5 Nasci numa cidadezinha perto de Goiânia. 6 Comemoramos o aniversário dela num barzinho.

Exercise 4

1 O professor disse que esta universidade é mais perto do que aquela. 2 Acho que este exame é tão fácil quanto aquele. 3 Na minha opinião esta matéria é dificílima. 4 Eles disseram que biologia é menos interessante do que inglês. 5 Neste país o sistema educacional é ótimo. 6 Nessa situação a sua atitude foi corretíssima. 7 Os críticos disseram que este filme é péssimo.

Exercise 5

1 From a mixture of African and European musical rhythms. 2 It expresses the difficulty of life in the favelas, often with a dash of humour. 3 It has more elaborate lyrics about urban life. 4 Bossa Nova is a mixture of Samba with jazz. It has modern and sophisticated techniques and piano and guitar are used in its compositions.

Exercise 6

4, 6, 5, 3, 2, 1

Exercise 7

1 há 2 a 3 a 4 há 5 há 6 a 7 a 8 há 9 a

Exercise 8

a 1 16, 14, 5, 1, 11, 12, 2, 8, 9, 4, 6, 13, 10, 15, 3, 7

2 O pintor brasileiro, Candido Torquato Portinari (1903–1962) foi o mais importante representante do Modernismo Brasileiro e o único pintor modernista a alcançar reconhecimento internacional pela sua vocação artística. Ele pintou quase cinco mil obras de arte, de pequenos esboços a murais gigantes, tais como: *Café*, *Retirantes*, *Criança Morta* e *Morro*. Os seus temas incluíram os problemas sociais, cultura, história e religião. Em 1935, sua pintura a óleo, *Café* ganhou segunda menção de honra em Nova Iorque. Em 1956, ele ganhou o prêmio nacional de Guggenheim pelo mural *Guerra e Paz* que está exposto na sede da ONU. Portinari teve a sua última exposição em Moscou em 1960.

b O escultor e arquiteto mineiro Antônio Francisco Lisboa, 'o Aleijadinho', (1730–1814) foi o mais importante escultor barroco do Brasil e é freqüentemente comparado a Michelangelo pela beleza e excelência de suas esculturas. Aleijadinho criou muitos trabalhos em madeira e pedra-sabão durante o período colonial e suas esculturas, entalhes e fachadas de igrejas podem ser vistas nas cidades mineiras de Ouro Preto, Congonhas (conhecida como a cidade dos profetas), Mariana, Sabará, São João del Rei e Tiradentes.

Exercise 9

The futuristic architecture of Brasília is unique and symbolizes the modernity, economic power and progress of Brazil. Architects Oscar Niemeyer and Lúcio Costa designed Brasília in the 1960s. Brazil's new federal capital was built in the shape of an aeroplane, with the municipal buildings as the fuselage and housing, schools and shops as the wings. The workers who built Brasília are known as 'Candangos'. UNESCO declared Brasília a World Heritage Site in 1987.

Exercise 10

1 a the basic problems of Brazilian society. He used allegory as a way of avoiding military censorship. b Embrafilme was a Brazilian

government agency. It helped to produce films in the 1970s and 1980s. **c** Many of the cast were from the favelas with no prior acting skills.

2 The motto of filmmakers during the Cinema Novo period was: 'A Camera in your hand and an idea in your head'. Glauber Rocha was one of the great names of Brazilian cinema. His films, such as *Deus e o diabo na terra do sol* (God and the devil in the land of the sun – 1964) confronted the basic problems of Brazilian society in an allegoric way, as a means of avoiding the censorship of the Military Regime.

The *Tropicalista* movement also concentrated on allegorical forms to produce films such as *Macunaíma*, directed by Joaquim Pedro de Andrade.

Embrafilme, a government agency, helped in the production of films in the 1970s and 1980s. *Dona Flor e seus dois maridos* (Mrs Flor and her two husbands) by Bruno Barreto, was an international success.

In more recent times, *Central do Brasil* (Central Station – 1998) by Walter Salles, received two Oscar nominations for Best Actress and Best Foreign Film.

In 2002, *Cidade de Deus* (City of God) by Fernando Meirelles, whose cast was partly chosen from youths from the slums of Rio who had no experience of acting, received various prizes.

Exercise 11

a 3, 6, 5, 2, 4, 1

b

é – present indicative ser	> terá sido
abordaram – preterite of abordar	> terão abordado
concentrou – preterite of concentrar	> terá concentrado
ajudou – preterite of ajudar	> terá ajudado

Did you know?

Capoeira is an Afro-Brazilian martial art developed by the slaves. The movements, accompanied by music played on the Berimbau, are complex and acrobatic and mix fighting, dance, music and play. Capoeira in School is a governmental project which has the objective of bringing young people closer to popular culture and also to demonstrate the benefits of capoeira in developing self-esteem and social identity.

Unit 8

Exercise 1

1 democrática **2** esportivas **3** religião **4** principalmente **5** emocionante **6** jogadores **7** brasileiros **8** europeus **9** realmente **10** entristece **11** talentosos

Besides being the most global and *democratic* of all *sporting* events, for me football is an art and it is my *religion*. I am Fluminense in body and soul and what gives me great happiness is to see my team beat Flamengo in the Maracanã.

For me, there is no more fascinating event than the World Cup. I make a point of attending all the games, *mainly* when Brazil is playing. It is *exciting* to support and watch Brazil scoring goals.

I never thought that football would become such a lucrative business and that it would transform the lives of so many *players*. The transfer of football stars Roberto Carlos, Ronaldo, Kaká, Robinho and many other prestigious international footballers has not only generated millions of dollars for the *Brazilian* clubs and enriched the coffers of *European* clubs but has also provided these players with contracts worth millions.

But what *really saddens* me is that there are some clubs which pay very badly and because of this many *talented* players are leaving Brazil to pursue a better life abroad. I understand their situation but I think it is a pity this happens in a country that has won the World Cup five times and which has the best football players in the world!!

Exercise 2

1 T, **2** T, **3** F, **4** T, **5** F

Exercise 3

1 v **2** d **3** j **4** q **5** s **6** u **7** n **8** r **9** a **10** b **11** c **12** l **13** e **14** p **15** g **16** o **17** i **18** h **19** k **20** t **21** m **22** f **23** x **24** w

Exercise 4

b China – tênis de mesa/Canadá – hóquei no gelo/Paquistão – cricket/ Estados Unidos – beisebol/Japão – judô/Escócia – golfe

Exercise 5

O Estádio de Futebol Mário Filho, o maior do mundo, foi inaugurado no dia 16 de junho de 1950. Os cariocas deram ao estádio o nome de Maracanã, o nome indígena dos pássaros Maracanã-guaçu, que viviam na região antes da construção do estádio. Não apenas o futebol mas muitos outros esportes e eventos culturais importantes acontecem no Maracanã. Suficientemente grande para caber 103.022 espectadores, acomodou 174.000 torcedores no jogo do Brasil contra o Uruguai no final da Copa do Mundo de 1950. O Brasil perdeu, os tambores ficaram mudos e a nação inteira chorou.

Exercise 6

1 algum (Are you going to support any team in particular?) 2 nenhum (No, I'm not going to support any team.) 3 alguma (Do you have any news about John?) 4 nenhuma (No, we don't have any.) 5 ninguém (He stayed at home watching football. Nobody invited him to the party.) 6 ninguém/alguém (They didn't allow anyone to come in. I'm going to call someone to open the door.) 7 algumas (Please, I need some information.) 8 alguém/nenhum (Did someone buy the tickets? No, there weren't any left.)

Exercise 7

1 Francisco não se deu conta que era muito tarde. 2 A minha amiga deu o fora no namorado dela. 3 Tenho andado muito preocupado com o meu treinamento. 4 Ele anda deprimido: o time dele perdeu o campeonato. 5 O tráfego aqui é caótico. Vai com calma. 6 Venho pensando em abrir uma academia de ginástica em Copacabana. 7 Sabe quem eu encontrei em Goiânia hoje? Não faço a menor idéia.

Exercise 8

Text A The Pan-American Games Rio 2007
The Pan-American Games are a continental version of the Olympic
Games and take place every four years. According to Riotur (Rio
Tourist Board) more than 500,000 tourists visited Rio in July 2007
to attend the games. The 42 ODEPA member countries participated
in the competitions and around 650 athletes represented Brazil.

This was the biggest multi-sport event to take place in Brazil. The
Pan-American Games' 28 sporting events will be included in the next
Olympic Games in Beijing.

Text B Clube dos Descalços (The Barefoot Club)
Many Brazilian players and athletes who have become famous through
international sporting events support campaigns to help underprivi-
leged Brazilian children who wish to practise a sport. An example of
this is Clube dos Descalços started by Joaquim Cruz. The objective
of this club is to donate used trainers and raise funds for the acquisi-
tion of sports equipment for athletes on a low income. As Joaquim
Cruz said: 'To donate a pair of trainers is the simplest way to show
my gratitude to the people who helped me at the beginning of my
career'.

Joaquim Cruz, was the first and only Brazilian athlete to win a gold medal in the 1984
Los Angeles Olympic Games.

Exercise 10

1 na areia branca 2 terras brasileiras 3 26 de abril 4 nome do rei 5
mais tarde 6 missionários 7 dos índios 8 predominante 9 outras
religiões 10 de julho de 2006 11 apenas 12 número 13 diversidade
14 igrejas 15 influência b extra words: pau-brasil, esoterismo, menos

Exercise 11

Symbol of Christian faith, Brasília cathedral is a modern expression
of the architect Niemeyer. Its construction, which represents two
hands in prayer raised towards Heaven, was completed on 31 May
1970.

Did you know?

A symbol, not only of Rio de Janeiro but of the whole nation, the statue of Christ the Redeemer was unveiled on 12 October 1931, day of the Patron Saint of Brazil, Our Lady Aparecida.

The monument of Christ stands on Morro do Corcovado (Hunchback Mountain) from where there is a 360 degree view of the city of Rio de Janeiro and Baía de Guanabara. On the day of the unveiling the lights of Christ the Redeemer were switched on from Italy, the centre of Catholicism, by the Italian inventor Guglielmo Marconi.

Unit 9

Exercise 1

1 h, 2 e, 3 i, 4 a, 5 c, 6 b, 7 f, 8 d, 9 g

Exercise 2

1 That the salary increase will reduce poverty and social inequality. Disagrees – the new salary is still very little and poor families cannot survive on this. No, it hardly pays for her expenses. She would like to buy a house.
2 False – she has worked in this job since she was a child. Her employers are nice but sometimes the lady of the house does not pay her salary at the end of the month. It could be worse – other domestics/maids suffer because they are treated as slaves. She is studying at night in order to get a job as a shop assistant.
3 They have introduced o Peti (Programa de Erradicação do Trabalho Infantil) and a Bolsa-Escola. Gabriel's solution: better access to education and employment.
4 That robots will never substitute human beings in the work place and if they do, it will lead to more unemployment.
5 a She approves of the article – it is most timely and very important. b Because the article says it is the duty of all Brazilians to do something about this terrible situation and not just depend on the government to take action. c If every Brazilian changed their attitude toward the problem.

Exercise 3

reduzirá a pobreza/não podem sobreviver com esse rendimento/nem pensar em/a patroa/não basta/desenvolvimento tecnológico/têm o dever de fazer algo/se cada brasileiro pudesse mudar as suas atitudes

Exercise 5

1 The boss of the company went (foi) to São Paulo yesterday. 2 Some candidates went (foram) to the employment agency. 3 We are going (vamos) to the bank later. 4 Expenses are (são) greater in large cities. 5 If the workers were (fossem) not dedicated, the work would not be ready. 6 She had been (fora) the favourite employee in the shop. 7 We demand that this minute is (seja) signed by the mayors. 8 The directors want me to go (vá) to Rio. 9 He had gone (fora) to São Paulo to work in the car industry. 10 The employees wanted the minimum wage to be (fosse) readjusted. 11 Perhaps they were (fossem) the only ones to receive the guarantee fund. 12 We will know what to do if the workers are (forem) against the legislation. 13 If we go (formos) to the bank today we will arrange the mortgage.

Exercise 6

1 Assistant teachers of English 2 full-time 3 to be agreed 4 by sending a letter and CV by post, or by email.

Exercise 7

8, 10, 1, 9, 2, 4, 5, 7, 6, 3

Exercise 8

a 1 Tem trabalhado em comunidades carentes nas áreas de educação e saúde. 2 Está trabalhando como voluntário num orfanato em

Belo Horizonte. **3** Na *Folha de S. Paulo* do dia 25/08/2007.
4 Porque tem entusiasmo e possui experiência. Fala inglês, tem bom
conhecimento da língua portuguesa e tem prática em informática
e curso superior. **5** A partir do dia 31 de agosto.

b
Belo Horizonte, 26 August 2007
Mr J. Maciel
Director of the Brasil-Estados Unidos School
P.O. Box 2122
São Paulo – Capital
Reference: Vacancy for English Teacher

Dear Sir,

I am British and for the last three years, during my holidays in
Brazil, I have been working in under-privileged communities in
the education and health areas. At the moment I am working as a
volunteer in an orphanage in Belo Horizonte, where I have set up
an English class for children aged 5 to 8 years.

I would like to apply for the vacancy of Assistant Teacher of
English, as advertised in the *Folha de S. Paulo* of 25/08/2007.

I believe that I have the necessary qualifications to fill such a
vacancy because, apart from being enthusiastic about teaching
and having experience in this role, I speak English, I have a good
knowledge of the Portuguese language, experience of computing
and a university degree.

Please find enclosed my CV and I will be available for interview from the 31 August, 2007.

I look forward to hearing from you soon.

Yours sincerely,
Michael Norland

Exercise 9

1 Receptionist, bilingual secretary and software sales person. **2 a** 3 **b**
1 **c** 1 **d** 2 **e** 2. **3 a** boa apresentação **b** aos cuidados de **c** Benefícios de
Assistência Médica **d** comparecer com documentos **e** salário fixo mais
comissão.

Exercise 10

1 podem 2 sabe 3 conhecemos 4 sabe 5 posso 6 conhecem

Exercise 11

1 No ano passado fiquei duas semanas em Salvador. 2 Eu não conheço a nova secretária. 3 Nós preferimos almoçar no restaurante perto do escritório. 4 Acordo com dor de cabeça se eu durmo tarde. 5 Espero que elas dancem comigo. 6 Cheguei tarde ao trabalho. 7 Espero que você não fuja do país.

Did you know?

The majority of victims of slave labour in Brazil are illiterate males. They generally work on clearing and preparing the soil for planting and cattle breeding and in clandestine charcoal production. They are lured by promises of employment and a better life by farmers or intermediaries – so called 'cats'. Recently a total of 180 farms were inspected by the Ministry of Work and Employment and more than 4,000 men working under a slave regime were freed.

Unit 10

Exercise 1

1 Falso – muitas vezes o governo incentivou a imigração. 2 Verdadeiro – o mais significativo contingente migratório foram europeus. 3 Falso – os imigrantes vieram trabalhar na agricultura e posteriormente nas indústrias. 4 Falso – muitos imigrantes fizeram do Brasil a sua pátria e se tornaram cidadãos brasileiros.

Exercise 2

1 They earned very little, the culture, language and customs were very different and they felt very isolated. 2 She read on an immigration

web site that the first German colony was founded in São Leopoldo in 1824.

1 Mário Suzuki, 40 – I am Brazilian, 'sansei', my grandparents were Japanese. My grandparents came to Brazil in the 1930s with the intention of making money and returning to Japan. Initially they went to work in the coffee plantations in the north of Paraná. At first it was difficult because not only did they earn little money but also the culture, the language and the Brazilian customs were so different. They felt very isolated. Eventually they went to the interior of SP and started to work for themselves in chicken farming and strawberry plantations. And they never returned to Japan. My parents settled in SP and it was here I was born. Nowadays the Nipponese population in Brazil is more than 1 million people, which represents the largest Japanese community outside Japan. We are descendants of Japanese but, first and foremost, Brazilian citizens.

2 Marlene Guenther da Silva, 22 – I am *gaúcha* (born in the State of Rio Grande do Sul) and I am studying economics at university here in Porto Alegre. I am descended from German immigrants, the first to arrive in Brazil after the Portuguese. I read on a site on immigration that the first German colony was founded in São Leopoldo in 1824 but my ancestors arrived there later, at the beginning of the last century, to work in shoe manufacturing. My university friend is *catarinense* (born in Santa Catarina state) and last year I went with her to the Oktoberfest in Blumenau. She showed me Pomerode, a city founded by Germans and where 85 per cent of the inhabitants are of German origin. This Brazilian region is known as the European Valley. I have never seen so many Brazilians with blue eyes and blond hair!

Exercise 3

1 É proibido fumar. 2 Foi necessário fugir da seca. 3 Ela atravessou a avenida sem olhar. 4 Não estacionar aqui. 5 Não jogar lixo neste local.

Exercise 4

1 fazermos 2 . . . o presidente introduzir . . . 3 colocarem 4 venderes 5 chegarem

Exercise 5

São Paulo has employed immigrants from all over Brazil since 1901. In 1939 there were already 400,000 immigrants, who had come from various states in Brazil, working in the state coffee plantations.

In the following decades, employment opportunities, mainly in the building and car industries, made the state the preferred region for those contemplating a better life.

São Paulo is today a megalopolis with a striking multiculturalism and, of its 18 million inhabitants, 25 per cent are immigrants. However, the rapid growth of the city has left a deficient infrastructure as a legacy. The favelas, the chaotic traffic and pollution are everyday realities of this city where millions of people still live in precarious conditions.

Exercise 6

a 1 Ele os empregou.
   He employed them (the Italian immigrants).
 2 Eu as conheço.
   I know them (the regions of Brazil).
 3 Ele sempre os fez.
   He always made them (the speeches).
 4 Vou resolvê-lo.
   I am going to resolve it (the chaotic traffic).
 5 Muitas pessoas não as têm.
   Many people do not have them (houses).
 6 O agricultor as plantou.
   The farmer planted them (the seeds).
 7 Os médicos nos socorreram.
   The doctors helped us (my friend and I).
 8 A indústria brasileira não os fabricou.
   Brazilian industry did not manufacture them (luxury cars).
b 1 My grandparents bought me a car. 2 You gave him/her some strawberries? 3 She explained the Brazilian customs to them. 4 My parents told us a story. 5 Did the community loan you the money?
c 1 Os engenheiros construiram a casa para ela. 2 Nós explicamos para ele como cultivar café. 3 Você vem ao escritório comigo? 4 O gerente do banco abriu uma conta para eles. 5 Ela deu o seu endereço para o diretor. 6 Eu farei isto com você.

d **1** Nunca nos ofereceu ajuda. He never offered us help. **2** Alguém me cumprimentou. Someone greeted me. **3** Quem lhes vendeu a casa? Who sold them the house? **4** Assinei os documentos assim que os recebi. I signed the documents as soon as I received them. **5** Hoje nos entregaram as chaves do carro. Today they handed over the car keys to us. **6** Se for preciso te darei mais dinheiro. I will give you more money if necessary.

Exercise 7

6 5 1 2 7 3 4

Exercise 8

1 A taxa de juros muito alta e o desemprego. **2** O investimento externo adquiriu força e a inflação baixou. **3** O desemprego em alta tem afetado a expansão da economia. **4** Para alguns economistas, a taxa de juros é muito alta. **5** O congelamento dos preços e dos salários e a introdução de nova moeda. **6** Uma medida econômica que deu certo.

Exercise 9

1 Durante as décadas de 1970 e 1980 para controlar a hiperinflação. O congelamento dos preços e dos salários e a introdução de nova moeda. **2** A inflação baixou e o investimento externo adquiriu força. **3** Bilhões de dólares. **4** O Brasil será um dos mais fortes competidores do mundo!

Unit 11

Exercise 1

1 Honest government/protection of our natural resources/With your vote decide the future of Brazil/Vote for the right candidate: BBBBBrasil for President. **2** Vote responsibly! Vote for the candidate who promises and delivers! Together let's build Brazil Brasilino Brasileiro no. 010102

Exercise 2

3, 2, 6, 4, 1, 5

Exercise 3

1 People's health – priority – let's invest in education – For all Brazilians – (to) fight corruption – Our goal – (to) promote – put an end to violence – Agriculture – (to) produce – more jobs

Exercise 4

a 4 7 6 3 2 1 5
b 2006 Presidential Elections

The campaign theme for the 2006 Presidential Elections in Brazil was the economy. Approximately 126 million Brazilians went to the polls on election day to choose the new President of the Republic. Re-elected for a second term of office, Lula obtained 60 per cent of the votes. A landslide victory!

In January 2007, Lula presented his government's range of measures for economic growth. As well as increasing the minimum wage to R$380, the economic policies included: investment in energy, transport, housing and sanitation. His government objectives are to encourage development, generate more jobs and a better distribution of wealth.

Exercise 5

1 É necessário *que* o secretário de educação *abra* mais escolas. **2** Esperamos *que* a candidata do PT *seja* vitoriosa. **3** É importante *que* todos nós *decidamos* isto. **4** É possível *que* o governo *aumente* o salário dos trabalhadores. 5 Espero *que* a nova lei *acabe* com *a* violência. 6 É melhor *que* os políticos *conheçam* os problemas. 7 Duvido *que* a mídia *esteja* presente.

Exercise 6

1 fosse 2 assinasse 3 trocássemos 4 conversassem 5 chegasse 6 tivéssemos

Exercise 7

1 terminarmos 2 falarem 3 assistirmos 4 chegarem 5 viverem 6 mostrarem

Exercise 8

1 The opening of a new computing lab at Erika's school. 2 He is going to cut the ribbon and deliver the inauguration speech. 3 Because students will read the blog of a school in Paraná. 4 No – she expects a text message by mobile phone.

Exercise 10

a 5 6 2 7 3 1 4 10 11 8 9

Exercise 11

1 Poucas horas antes *da* estréia *da* TV brasileira, *uma* das câmeras *pifou e o* programa 'TV na TABA' *foi* ao ar só *com* uma câmera.
2 *A* primeira transmissão *de TV foi assistida* através *de* 200 aparelhos importados *por* Assis Chateaubriand, o pioneiro *da* comunicação *no* Brasil.

3 *A* primeira copa ao vivo *na* TV Globo *foi* a Copa Mundial *de* Futebol *na* Inglaterra, *em* 1966.
4 *A* primeira transmissão via satélite *ocorreu em* 1969 *e mostrou o* lançamento *da* Apollo IX.
5 *A* televisão *em* cores *no* Brasil *começou em* março *de* 1972.
6 Calcula-se que o Brasil *tenha* mais *de* 60 milhões *de* aparelhos *de* TV.

Exercise 12

1 1 de junho de 1808 2 *Correio Braziliense*, a imprensa escrita não era livre, a impressão e a circulação de jornais e livros eram proibidas 3 de maneira clandestina 4 *Gazeta do Rio de Janeiro*, edição semanal.

Exercise 13

10, 1, 8, 3, 12, 6, 14, 11, 9, 15, 4, 13, 7, 5, 2

Exercise 14

b 1 A viagem foi muito boa mas eu estou muito cansado. 2 Vou comprar uma passagem de ônibus para Cataguases para amanhã. 3 Vou mandar um email para você do hotel, dizendo a hora que vou chegar em Cataguases.

Unit 12

Exercise 1

3, 5, 1, 2, 4
.

Exercise 2

1 Sua riqueza natural. 2 A floresta Amazônica terá perdido 25 por cento de sua cobertura nativa. 3 A extração madeireira e de minérios,

e a instalação de usinas hidrelétricas. **4** O monitoramento de áreas imensas e a falta de envolvimento das populações locais.

Exercise 4

1 Falsa – a população era 6 milhões. **2** Verdadeira – o número de línguas era 1.300 mas hoje em dia é só 170. **3** Verdadeira – dois em cada três índios brasileiros vivem nas reservas indígenas da Amazônia. **4** Falsa – o território corresponde ao equivalente a quase três Alemanhas. **5** Falsa – há 50 grupos ainda isolados na região amazônica sem contato com a civilização tecnológica.

Exercise 5

A FUNAI (Fundação Nacional do Índio), é uma organização governamental responsável pela regularização e defesa dos direitos legais dos grupos indígenas brasileiros. A FUNAI ajuda a fiscalizar as suas terras, proteger a sua cultura e as suas tradições e a despertar o interesse da sociedade pelos índios e suas causas. Várias organizações ligadas à FUNAI desenvolvem programas de saúde, educação e também ajudam a promover a arte indígena.

Exercise 6

Samba for Life
Our dream
Is to see the forests go undestroyed
To have for ever
The sustainable use of this ancient inheritance

All of life being protected
In rivers, forests, land and sea
Here no-one wants more sadness
We only want reasons to celebrate

So the climate won't change
And the Earth won't die

Let's try hard
And change our way of life

The people of the forest
Are asking for a way out
And they come to take part too
In this samba for life

We sing (about this issue) today so that tomorrow there will be
    no tears
To convince governments, minds, hearts
That without determination and money there will be no
Biodiversity left for future generations

Exercise 8

1 T 2 F (cargo planes) 3 F (economic development) 4 T 5 F (more)
6 T

Exercise 10

1 ambiente 2 biologia 3 verdureiro 4 marinha 5 plantada 6 reciclado
7 sustento 8 terrestre 9 regional 10 natureza 11 conservado

Exercise 11

1 tenha pescado 2 tenham protegido 3 tenha interferido
4 tenha contribuído 5 tenha sido 6 tenham beneficiado

Exercise 12

1 Quando nós tivéssemos produzido . . . 2 Se eu tivesse recolhido . . .
3 Queria que tu tivesses respeitado . . . 4 Se você não tivesse poluído . . .

5 Se o homen tivesse conservado ... 6 Talvez os índios tivessem sobrevivido ... 7 Se ele tivesse visitado ...

Exercise 13

1 tiver terminado 2 tiver reduzido 3 tiverem discutido 4 tivermos recebido 5 tiver construído 6 tiver assinado 7 tiveres visitado

Grammar index

Topic index